Focus!

Leo Babauta

Focus!

Minder doen, meer bereiken

2010 – Forum – Amsterdam

Oorspronkelijke titel: The Power of Less
Oorspronkelijke uitgever: Hyperion, New York
Vertaling: Carla Zijlemaker
Omslagontwerp: Studio Jan de Boer
Omslagfoto: Getty Images / Dougal Waters
Auteursfoto: Victor Consaga
Zetwerk: Mat-Zet BV, Soest

ISBN 978-90-492-0076-3
NUR 801 Management algemeen

Published by arrangement with Sane Töregard Agency AB.

INHOUD

INLEIDING

Het is niet eerder voorgekomen dat mensen in zo weinig tijd zo veel voor elkaar konden krijgen. Maar we zijn ook nooit eerder zo overladen geweest met werk en informatie, zo overspoeld met e-mails, stukken die we nog moeten lezen en dingen 'waar we even naar moeten kijken', en ook nooit zo gestrest door de niet-aflatende eisen die deze tijd aan ons stelt.

Voor veel mensen betekent werk een ononderbroken stroom e-mails, nieuwsberichten, verzoeken, telefoontjes, instant messages, papieren, aantekeningen en dossiers. De dag begint met een inbox vol mailtjes en na een dag hard werken zit de inbox weer net zo vol. Bovendien bevat iedere e-mail wel een verzoek om informatie of om actie waar we niet aan toekomen. We liggen aan een informatie-infuus en hebben geen idee hoe we de toevoer kunnen dichtdraaien.

Het is stressvol en verspillend en als je er even bij stilstaat, is het waarschijnlijk niet de manier waarop je wilt leven.

Rust vinden in de chaos

Wat is het alternatief voor deze overvloed aan informatie en werk? Moeten we het voorbeeld volgen van zonderlingen die zich terugtrekken in de wildernis omdat ze de maatschappij en de moderne technologie hebben afgezworen?

Ik ben zelf een voorstander van de gulden middenweg. Daarmee bedoel ik dat je wel toegang hebt tot enorme hoeveelheden informatie, waarmee je direct en wanneer je maar wilt met de buitenwereld kunt communiceren en dingen snel voor elkaar kunt krijgen, maar dat je zelf bepaalt hoeveel je consumeert en onderneemt. Een eenvoudiger leven dus, waarin je je dromen kunt waarmaken.

De oplossing ligt erin paal en perk te stellen aan wat je consumeert en onderneemt. Het gaat erom dat je je tijd zo goed mogelijk gebruikt door je alleen bezig te houden met dingen die echt belangrijk zijn. Probeer je maar eens een leven voor te stellen waarin je relatief rustige werkdagen hebt, de hoeveelheid stress minimaal is en je je volledig kunt concentreren op je werk. Stel je voor dat je maar een paar taken uitvoert, maar dat die zo gekozen zijn dat ze de meeste impact hebben. Je bereikt belangrijke doelen zonder de stress van alles tegelijk willen doen. Het klinkt misschien idyllisch, maar het is absoluut haalbaar. Ik heb het zelf gedaan en heb daarbij een systeem gebruikt dat heel gemakkelijk door te voeren is. Het komt allemaal neer op keuzes maken.

Eenvoud

Ik geloof heilig in eenvoud. Mijn leven wordt beter als ik het versimpel, als ik zorg dat er minder ruis is, waardoor ik in staat ben om te genieten van de dingen die ik graag doe. Ik werk beter als ik afleidingen buitensluit en me kan concentreren. Ik schrijf overtuigender als ik niet te veel uitweid en alleen de woorden gebruik die nodig zijn om mijn meest fundamentele ideeën over te brengen.

Eenvoud kan in verschillende situaties verschillende dingen betekenen. Voor sommige mensen betekent het teruggaan in de tijd, onbewerkte in plaats van bewerkte materialen gebruiken, alles zelf maken in plaats van kant-en-klare spullen kopen, alles zelf doen in plaats van afhankelijk zijn van anderen. Hoewel ik dat ook een aanlokkelijk idee vind, is de eenvoud die ik in mijn leven zoek van een andere aard, namelijk eenvoud in wat ik doe. Minder doen, maar meer bereiken als gevolg van de keuzes die ik maak. Eenvoud komt feitelijk neer op twee stappen:

1. Vaststellen wat essentieel is.
2. Alles elimineren wat daarbuiten valt.

We zullen in dit boek allerlei manieren bespreken om die twee stappen te nemen, op verschillende terreinen, zowel in je werk als in je privéleven, maar uiteindelijk komen we steeds weer terug bij deze twee ideeën. Concentreer je op de essentie en laat al het andere schieten.

Dat zal je veel gelukkiger, minder gestrest en verbazingwekkend genoeg zelfs productiever maken.

Zo heeft het voor mij gewerkt

Nog maar een paar jaar geleden zat ik tot over mijn oren in de schulden, had ik een werkrooster dat me zelden de gelegenheid bood om mijn gezin te zien en dat me iedere dag weer een overdosis stress opleverde. Ik was te zwaar en leefde ongezond. Ik at iedere dag vet, zout en gefrituurd voedsel, deed niet aan sport en rookte. Ik was ongelukkig in mijn werk en zat op een snel, maar dood spoor. Mijn leven was gecompliceerd en ik had geen tijd voor de dingen die ik graag deed. Dus... nam ik een beslissing. Ik besloot mijn leven te vereenvoudigen en in positieve zin te veranderen. Eerst zou ik stoppen met roken; daar zou ik me op concentreren en op niets anders. Ik stopte al mijn energie in dit doel en er gebeurde iets vreemds: al die gerichte energie maakte dat ik deze eerste horde – het stoppen met roken – kon nemen, iets wat me talloze malen eerder niet gelukt was. Het doorbreken van die barrière gaf me inspiratie voor nieuwe doelen en gewoonten, en ik gebruikte daarbij steeds dezelfde methode: ik richtte al mijn energie en aandacht op die ene uitdaging, en de obstakels verdwenen. Ik concentreerde me op één doel en probeerde niet alles tegelijk aan te pakken (mijn 'enige doel'). Door gebruik te maken van deze methode is het me de afgelopen jaren gelukt om

1. te gaan hardlopen
2. gezonder te gaan eten
3. ordelijker en productiever te worden
4. voor twee marathons te trainen en ze te lopen
5. twee banen te hebben en mijn inkomen te verdubbelen

6. vroeg op te staan. (Ik word om vier uur 's ochtends wakker)
7. vegetariër te worden
8. twee triatlons te volbrengen
9. een succesvol blog te beginnen (*Zen Habits*)
10. mijn schulden volledig te saneren
11. voor het eerst van mijn leven een aanzienlijke financiële reserve op te bouwen
12. mijn leven te vereenvoudigen
13. mijn huis te ordenen
14. meer dan twintig kilo af te vallen
15. twee succesvolle elektronische boeken te schrijven en te verkopen
16. de eerste versie van een roman te schrijven
17. mijn baan op te zeggen en thuis te werken
18. een succesvol tweede blog te beginnen, (*Write To Done*), voor schrijvers
19. dit boek te publiceren.

En daarnaast heb ik nog tijd om zes prachtige kinderen op te voeden.

Dat lijkt misschien veel, maar ik heb het stapje voor stapje gedaan. Ik ben uitgegaan van het concept 'één doel tegelijk', en heb daar al mijn energie in gestoken.

Mijn blog *Zen Habits*, waarin ik verslag doe van de verwezenlijking van deze doelen, staat nu in de top-vijftig van meest succesvolle blogs ter wereld, met meer dan 60.000 leden en ongeveer 2 miljoen lezers per maand. Veel van die lezers hebben mij gevraagd hoe het mogelijk is dat ik zo veel doe, terwijl ook mijn dag niet meer dan vierentwintig uur bevat. Mijn antwoord luidt dan: het is een kwestie van grenzen stellen en je richten op de essentie.

De zes principes van simpele productiviteit

In deel 1 van dit boek bekijken we de zes principes van de kracht van minder doen en meer bereiken – de ideeën die je kunnen helpen om productiever te worden en tegelijkertijd je leven te vereenvoudigen. Deze principes van de kracht van minder doen, kom je telkens weer in dit boek tegen:

1. Stel grenzen.
2. Bepaal wat de essentie is.
3. Vereenvoudig.
4. Focus.
5. Leer nieuwe gewoonten aan.
6. Begin klein.

In deel 2 van dit boek, Focus in de praktijk, bespreken we een aantal praktische tips voor toepassing van deze principes op belangrijke gebieden, zowel in je werk als in je privéleven.

Wat dit boek voor je kan doen

Laten we eerst eens kijken wat dit boek níét voor je kan doen. Ik ga je niet vertellen hoe je een roman kunt schrijven, een marathon moet lopen of kunt stoppen met roken. Dit is geen gebruiksaanwijzing voor welk van deze doelen dan ook. Het is een leidraad voor een simpeler leven met meer nadruk op de essentie. Hoe kun je minder doen en meer bereiken? Hoe focus je op één ding tegelijk en gebruik je die focus om je doelen te bereiken, welke dat ook zijn?

Het gaat om begrenzingen en niet om volume.

In ieder hoofdstuk van dit boek leer je hoe je op een bepaald gebied meer focus kunt krijgen; die focus kun je vervolgens gebruiken om op die gebieden effectiever te worden. Je leert zaken vereenvoudigen, en de hoeveelheid taken, projecten, communicatie en informatie in je leven te beperken. Je leert de overbodige rommel uit je leven te bannen, zodat je minder gestrest raakt en productiever wordt. Je leert hoe krachtig eenvoud kan zijn en hoe je dat gegeven kunt gebruiken om je doelen een voor een te verwezenlijken.

Je leert hoe je je werkdag en je werkomgeving rustiger kunt maken, waar je ook werkt.

Dit boek gaat over mínderen en over de transformatie die kan plaatsvinden als je streeft naar minder.

Het is zeker geen theoretisch boek; je krijgt concrete adviezen over de vraag hoe je dit concept dag in dag uit in praktijk kunt brengen.

Deel 1

DE PRINCIPES

1

WAAROM MINDER BETER IS

We leven in een wereld waarin meer vaak beter lijkt. We willen meer geld om een groter huis te kopen, een auto, meer kleding, meubels en gadgets. We willen grotere winkelcentra want de winkeltjes van vroeger volstaan niet meer. We consumeren meer, we produceren meer en we doen meer dan ooit tevoren.

Maar op een gegeven moment lopen we tegen onze grenzen aan. We kunnen eenvoudig niet alles doen en alles consumeren. Een dag heeft een beperkt aantal uren en als we de grenzen van onze productie hebben bereikt, houdt het op. Veel mensen zien deze grenzen als een probleem; anderen zien ze als een uitdaging. Hoe kan ik meer in mijn dag proppen? Als ik mijn tijd effectief organiseer en productiever probeer te worden, kan ik dan meer doen in de beperkte tijd die ik heb?

Het probleem met steeds maar weer proberen de productie te verhogen is dat dat niet altijd de beste resultaten geeft. Sterker nog, het is zo willekeurig dat het veel weg heeft van een spelletje roulette: als je maar genoeg taken uitvoert, zal er vast en zeker wel een bij zijn die wat oplevert.

Maar zo werkt het niet. Meer dingen doen betekent dat je veel onbelangrijke dingen doet en overwerkt en gestrest raakt.

Stel je twee verslaggevers voor die bij een krant werken. De een streeft naar een groot aantal artikelen per week en de ander besluit er slechts één te schrijven. De verslaggever die dertig artikelen per week doet, raadpleegt een enorme hoeveelheid bronnen op zoek naar ieder stukje informatie dat ook maar in de verste verte interessant zou kunnen zijn. Hij zet deze informatie om in korte, snel geschreven en tamelijk oppervlakkige artikelen, die niet veel aandacht trekken. Zijn hoofdredacteur is tevreden over de hoeveelheid werk die hij verzet en hij wordt beloond met complimentjes.

De tweede verslaggever besluit dat als hij maar één artikel per week schrijft, hij maar beter iets kan schrijven wat er echt toe doet. Hij besteedt eerst een halve dag aan onderzoek, brainstormen en nadenken. Vervolgens kiest hij voor een onderwerp waarvan hij weet dat het zal inslaan als een bom. Het zal hoge ogen gooien. Daarna besteedt hij twee dagen aan vervolgonderzoek en nog twee dagen aan het schrijven en het controleren van feiten. Wat denk je dat er gebeurt? Niet alleen komt hij met het beste artikel van die week, maar hij wint er ook nog een prijs mee, een prijs die de lezers heel belangrijk vinden en die hem promotie en erkenning op de lange termijn oplevert. Met dit en andere vergelijkbare artikelen kan hij een carrière opbouwen. De eerste verslaggever dacht in termen van kwantiteit, maar op de korte termijn. De tweede verslaggever concentreerde zich op minder, maar deed dat met het oog op de lange termijn.

Dát is de kracht van minder.

De lessen van de haiku

De haiku, een populaire vorm van Japanse poëzie, kan ons een paar interessante lessen leren die duidelijk maken waarom minder beter is. Zoals je misschien wel weet, is de haiku meestal een gedicht van zeventien lettergrepen (eerst vijf lettergrepen, dan zeven, dan vijf) dat verband houdt met de natuur. Een dichter die een haiku schrijft, moet binnen die beperkingen werken en in dat geringe aantal lettergrepen een heel idee of beeld neerzetten. Dat kan een echte uitdaging zijn als je iets belangrijks wilt overbrengen.

De haikudichter heeft daartoe een paar mogelijkheden: hij kan snel zeventien lettergrepen bedenken en in korte tijd een haiku tot stand brengen, of hij kan zorgvuldig alleen de essentiële woorden en beelden kiezen om zijn idee over te brengen. En dit laatste brengt, juist binnen die beperkingen, vaak de krachtigste poëzie voort – gereduceerd tot de essentie. De lessen die we uit de haiku kunnen trekken vertegenwoordigen de eerste twee principes van simpele productiviteit:

> Principe 1: Door grenzen te stellen, moet je je wel beperken tot de essentie. Leer dus bij alles wat je doet grenzen aan te brengen.

> Principe 2: Door voor de essentie te kiezen, sorteer je met weinig middelen veel effect. Kies altijd voor de essentie; daarmee haal je het meeste uit je tijd en energie.

Deze twee lessen vormen de sleutel tot dit boek. Ze beschrijven de kracht van minder doen in twee zinnen. Alles wat hierna volgt is een verkenning van deze concepten, aangevuld met praktische manieren om ze op allerlei terreinen van je leven toe te passen.

Kiezen voor de dingen die het meeste effect hebben

Misschien ben je in je werk net als de eerste verslaggever uit het vorige voorbeeld en lever je aan de lopende band klussen af. Waarschijnlijk krijg je heel veel voor elkaar en word je daarom geprezen. Mensen zien graag harde werkers die alles aanpakken wat hun toegeworpen wordt.

Maar je kunt ook andere keuzes maken. Je kunt als de tweede verslaggever worden en ervoor kiezen minder dingen te doen, maar dan wel die dingen die de meeste impact hebben. Maar wat betekent 'de meeste impact'? Een taak of een project kan op verschillende manieren impact hebben. Het project kan:

- erkenning op de lange termijn geven
- je op de lange duur veel geld opleveren
- zeer veel opleveren voor je bedrijf, in termen van inkomsten, branding (het neerzetten van je merk), uitbreiding naar nieuwe gebieden enzovoort
- je loopbaan veranderen of het potentieel hebben je loopbaan vooruit te helpen
- je privéleven ingrijpend veranderen, of
- een bijdrage leveren aan de samenleving of de mensheid in het algemeen.

Dit zijn slechts een paar voorbeelden. Je kunt zelf waarschijnlijk nog wel andere bedenken.

Hoe bepaal je welke taak de meeste impact heeft?

Er zijn meestal twee goede manieren om dit te doen:

1. **Onderzoek je takenlijst.** Maak een lijst en stel jezelf bij elke taak op die lijst de volgende vragen: heeft de taak effecten die verder reiken dan deze week of deze maand? Hoe zal deze taak mijn baan, mijn loopbaan of mijn leven veranderen? Hoe zal deze taak bijdragen aan de realisatie van een van mijn langetermijndoelen? Hoe belangrijk is dat doel? Aan de hand van de antwoorden hierop kun je vaststellen welke taken op de lange termijn de meeste impact hebben. Hoewel dit een langdradig proces lijkt, wordt het steeds gemakkelijker en heb je er na verloop van tijd nog maar een paar minuten voor nodig.

2. **Begin met je doelstellingen.** Als je eerst vaststelt welke dingen je het komende jaar wilt bereiken, kun je je taken zodanig plannen dat je iedere dag iets doet wat die doelen dichterbij brengt. Stel, je hebt drie doelen, dan kies je iedere dag een taak die met die doelen samenhangt en die bijdraagt aan de verwezenlijking ervan. Dit zorgt ervoor dat je de taken uitvoert die de meeste impact hebben, omdat ze direct verband houden met je langetermijndoelstelling.

Het maakt niet uit welke van deze twee methoden je gebruikt. Als het voor jou maar werkt. In latere hoofdstukken komt het werken met doelen en taken verder aan bod, maar voor nu wil ik er alleen nog op wijzen dat het geen of-of-kwestie is. Je kunt een combinatie van beide methoden proberen, en eigenlijk denk ik dat dat ook het beste is. Je kunt wel proberen je doelen te plannen, maar zelfs de besten onder ons moeten ook taken uitvoeren die niets met die doelstellingen te maken hebben. Al die taken samen vormen een lange lijst (als je tenminste de tijd neemt om ze op te schrijven) en de taken die niets met je doelstellingen te maken hebben, kunnen de taken die wel met je doelen samenhangen gemakkelijk ondersneeuwen. Daarom moet je je takenlijst goed evalueren (bovenstaande methode 1) en alleen die taken selecteren die de meeste impact hebben, in plaats van alles tegelijk aan te pakken ongeacht hoe belangrijk het voor je leven is.

Alle gebieden van je leven begrenzen

De lessen van de haiku – grenzen opleggen om keuzes af te dwingen, de essentie kiezen om de kracht van minder te bereiken – zijn lessen die we niet alleen kunnen toepassen op de taken die op onze lijst staan, maar op alles in ons leven. Als er een bepaald gebied in je leven is dat je zou willen vereenvoudigen, dat niet meer te hanteren is en dat je doeltreffender zou willen maken, moet je daar grenzen aan opleggen.

Zitten er te veel e-mails in je inbox? Stel daar dan grenzen aan. Controleer je e-mails nog maar twee keer per dag en reageer op niet meer dan vijf e-mails per keer. Zo word je gedwongen om doeltreffend te werken en alleen e-mails te schrijven die echt belangrijk zijn.

Heb je te veel lopende projecten? Doe er dan niet meer dan drie tegelijk. Heb je te veel spullen in huis? Beperk je tot tweehonderd voorwerpen. Je begrijpt wel wat ik bedoel.

We zullen deze verschillende gebieden later nog verder onderzoeken. Dan kijken we meteen hoe de lessen van de haiku deze gebieden van je leven kunnen transformeren en effectiever en zinvoller kunnen maken. Voor het ogenblik helpt het als je jezelf de volgende vragen stelt:

- Welke gebieden van mijn leven zijn overvol?
- Wat zou ik willen vereenvoudigen?
- Wil ik, behalve aan de taken die ik op verschillende gebieden heb, ook beperkingen opleggen aan de hoeveelheid spullen die ik heb, de informatie die ik ontvang of de verantwoordelijkheden die ik heb?

Dit zijn slechts inleidende vragen. In de volgende hoofdstukken gaan we verder op onderzoek uit en ontdekken we wat essentieel is en wat niet.

2

DE KUNST VAN DE BEPERKING

De levens van de meeste mensen worden gekenmerkt door een overdaad aan informatie, papieren en activiteiten. Onze tijd en ruimte zijn helaas beperkt, en als je overal te veel van hebt is het alsof je probeert een hele bibliotheek in één enkele doos te stoppen. Dat is onmogelijk. Je kunt niet van de boeken genieten en vroeg of laat gaat de doos kapot.

Ons probleem is dat we een onbegrensd leven leiden. Het is als wanneer je gaat winkelen zonder uitgavelimiet. Dat loopt meestal uit de hand. Je komt thuis met een heleboel spullen die je niet echt nodig hebt of zelfs maar wilt hebben. Maar als je een budget hebt, van laten we zeggen honderd euro, dan kies je alleen de dingen die er echt toe doen en kom je met minder rommel thuis. Ons hele leven zit zo in elkaar; we leven zonder grenzen. Hoewel die vrijheid in eerste instantie heel prettig lijkt, wordt het na verloop van tijd te veel. We hebben niet genoeg ruimte voor alles. Als we alles willen proberen, kunnen we de stress die dat oplevert niet hanteren. We kunnen gewoon niet alles in ons leven passen, hoe graag we dat ook zouden willen.

Het verzwakt ons in allerlei opzichten. Het verwatert onze

kracht en effectiviteit. Het versnippert ons. Het put ons uit zodat we geen energie overhouden om belangrijke dingen af te handelen. Een leven zonder grenzen is een pot rode verf in zee gieten en kijken hoe die oplost totdat er niets van over is. Te weinig focus is diezelfde pot verf in een watertank gieten. Grenzeloos is de tennisser die iedere dag vijf sets speelt en zo hard als hij kan zo veel mogelijk ballen slaat. Hij zal al snel te moe zijn om nog een ace te slaan, of om de bal hoe dan ook goed te raken. Echte kracht is regelmatig drie sets spelen en daarbij je tegenstander helemaal inmaken.

Grenzeloosheid is met een enkele schep een hectare land afgraven. Begrensde focus is met diezelfde schep op één plek graven totdat je op water stuit.

Grenzeloosheid is zwakte. Leer gerichter te worden door jezelf grenzen op te leggen, dan zul je sterker worden. In dit hoofdstuk doen we verder onderzoek naar principe 1, grenzen stellen.

Hoe grenzen kunnen helpen

De transformatie van een overdadig, grenzeloos en weinig effectief leven naar een effectief leven dat wel grenzen en focus heeft is ongelooflijk. Hier volgt een aantal voordelen van grenzen stellen:

- Het vereenvoudigt zaken. Je leven wordt hanteerbaar en minder stressvol.
- Je bent meer gefocust. In plaats van jezelf op te splitsen, richt je je energie op een kleiner aantal dingen.

- Je richt je op wat echt belangrijk is. In plaats van alles tegelijk te doen, zodat je niet genoeg tijd hebt voor de belangrijke dingen in je leven, doe je alleen wat echt belangrijk voor je is. Dat is voor de meeste mensen een ingrijpende verandering.
- Het helpt je dingen te bereiken. Als je te versnipperd bezig bent, ga je bij het realiseren van belangrijke projecten en doelen vaak maar met kleine stapjes vooruit. Maar als je je richt op een paar echt belangrijke dingen, kun je die wel verwezenlijken. Je bereikt veel meer door je op de essentie te richten.
- Het laat anderen zien dat jouw tijd belangrijk is. Als je probeert alles wat op je pad komt aan te pakken, denken mensen in je omgeving dat hun tijd belangrijker is dan die van jou en dat je op al hun verzoeken hoe dan ook 'ja' zult zeggen. Maar als je duidelijke grenzen stelt aan wat je doet, laat je zien dat je tijd en je prioriteiten belangrijk zijn. Anderen zullen die vervolgens ook belangrijk vinden.
- Je wordt doeltreffender. Door je minder bezig te houden met bijzaken en meer met echt belangrijk werk, gebruik je je beperkte tijd en energie voor iets wat blijvend effect heeft. Dat helpt je om je tijd optimaal te gebruiken en elimineert veel niet-essentiële zaken uit je leven.

Wat moet je begrenzen?

Op welke gebieden van je leven zijn grenzen nodig? Eigenlijk overal waar op een of andere manier sprake is van overbelasting, overal waar het volgens jou beter kan.

Je hoeft niet ineens je hele leven opnieuw in te richten. Dan mislukt het geheid. Je te veel op de hals halen is precies wat dit boek niet beoogt. Om succesvol grenzen te stellen, moet je beginnen met één gebied, waarop je bij voorkeur een grote kans van slagen hebt.

Waar je moet beginnen kan ik niet zeggen. Het leven van ieder mens is anders en je zult moeten doen wat voor jou het best werkt. Neem even de tijd om je af te vragen wat dat voor jou is: welke gebieden vragen te veel tijd of lijken overbelast? Wat zou je willen vereenvoudigen? Zaken waarmee je zou kunnen beginnen zijn:

- e-mails
- dagelijks terugkerende taken
- de hoeveelheid tijd die je aan de telefoon doorbrengt
- het aantal projecten dat je op je bord hebt
- het aantal blogs en andere publicaties waarop je geabonneerd bent
- de hoeveelheid tijd die je besteedt aan teksten lezen op het internet
- het aantal dingen dat op je bureau ligt.

Dit zijn natuurlijk maar een paar aspecten. Je kunt dit langzaam uitbreiden naar andere gebieden. Richt je op één verandering per keer, totdat die onderdeel van je vaste routine is en je gewend bent aan de nieuwe grens.

Hoe stel je grenzen?

Als je voor het eerst ergens een grens aan stelt, zal die tamelijk arbitrair zijn. Het zal even duren voordat je weet wat voor jou goed werkt. Maar grenzen stellen is meer dan zomaar een getal uit je hoge hoed toveren. Het is gebaseerd op de ervaring die je met die activiteit hebt en op het door jou beoogde ideale resultaat.

Als je bijvoorbeeld voor het eerst grenzen stelt aan het aantal keren dat je je e-mails wilt nakijken en je kiest een willekeurige frequentie, bijvoorbeeld dertig keer per dag, dan weet je uit ervaring dat dat veel te veel is. Je zult dus al snel een frequentie kiezen die gebaseerd is op je eigen jarenlange ervaring met het controleren van je inbox. Laten we zeggen dat je normaal gesproken tien tot vijftien keer per dag je e-mails leest en dat je dat te veel vindt omdat je meer met je e-mails bezig bent dan met je andere werk. Dan kun je bijvoorbeeld kiezen uit de frequenties van één tot vijf keer per dag. Misschien begin je met twee keer per dag: één keer 's ochtends en één keer 's middags voordat je naar huis gaat.

De volgende stap is dat je het uitprobeert, en kijkt of die begrenzing voor jou goed is. Is het een frequentie waar je mee uit de voeten kunt? Of brengt het duidelijk schade toe aan je communicatie met anderen? Krijg je met deze beperking veel meer werk gedaan?

Beschouw je eerste week met deze begrenzing als een experiment. Als het niet werkt (en er is geen eenduidige grens die voor iedereen werkt), pas de frequentie dan enigszins aan. Als twee keer per dag niet genoeg is, probeer het dan met drie keer per dag. Als je denkt dat je ook wel met minder toe kunt, probeer dan een frequentie van eenmaal per dag. Test vervolgens je nieuwe grens net zo lang totdat je een frequentie hebt die voor jou goed werkt en totdat hij onderdeel van je vaste routine is geworden. Wanneer het ten slotte een gewoonte is geworden, kun je verdergaan met een ander gebied van je leven. Grenzen stellen op andere gebieden werkt op dezelfde manier:

1. Analyseer je huidige frequentie (hoe vaak doe je iets per dag?) en bepaal een lagere frequentie op basis van wat volgens jou het ideale resultaat zou zijn.
2. Test dit ongeveer een week lang en analyseer vervolgens of dat beter werkt.
3. Als het niet werkt, pas dan de frequentie aan tot een niveau dat volgens jou beter werkt en test ook dat ongeveer een week.
4. Pas de frequentie net zo lang aan totdat je de juiste begrenzing vindt en deze een gewoonte is geworden.

Als je eenmaal weet hoe je grenzen moet stellen, leer je hoe je die grenzen het best kunt benutten – door te bepalen wat essentieel is en vervolgens te vereenvoudigen. Daar is de kracht van begrenzing echt zichtbaar: waar grenzen je dwingen om je te beperken tot de essentie. Dit bespreken we verder in het volgende hoofdstuk.

3

HET BEPALEN VAN DE ESSENTIE – EN ALLES EENVOUDIGER MAKEN

In dit hoofdstuk bekijken we het tweede principe, kiezen voor de essentie, en vervolgens het derde, dat van de vereenvoudiging. Het bepalen van de essentie is cruciaal voor vereenvoudiging; je moet eerst de essentie bepalen voordat je kunt weglaten wat overbodig is, anders haal je dingen weg die belangrijk kunnen zijn.

Hoe weet je wat essentieel is? Dat is de vraag waar het allemaal om draait. Als je dat weet, is de rest een peulenschil.

Als je weet wat belangrijk is, kun je beperkingen opleggen aan je projecten en taken, je binnenkomende informatiestroom, je afspraken en het aantal dingen op je bureau. Je hoeft alleen maar zo veel mogelijk te elimineren wat niet essentieel is.

Het is net als met de vraag: hoe maak je een beeld van een olifant? Antwoord: je hakt gewoon alles weg wat niet op een olifant lijkt. Maar dan moet je wel weten hoe een olifant eruitziet.

Het paard voor de wagen spannen

Veel productiviteitssystemen leren je de dingen in de verkeerde volgorde te doen: ze vertellen hoe je iets snel doet, zonder je eerst af te vragen wat je zou moeten doen. Ze vertellen je hoe je urgente zaken afhandelt en hoe je de stortvloed aan taken en informatie die op je afkomt verwerkt. Deze systemen maken helaas geen onderscheid tussen wat belangrijk is en wat niet, en uiteindelijk doe je alles wat je toegeworpen wordt. Daardoor ben je overgeleverd aan de stroom van taken en informatie die op je afkomt – met andere woorden, aan de grillen en verzoeken van anderen.

Eigenlijk zou je je bij alles wat je doet moeten afvragen wat essentieel is. In plaats van je af te vragen wat je vandaag, deze week, dit jaar of in je leven in het algemeen wilt doen, dien je je af te vragen wat echt belangrijk is. Of het nu gaat om de beslissing welke e-mails je wilt beantwoorden, wat je deze maand met je beperkte budget wilt kopen, hoe je orde schept op je bureau of in je huis, vraag je steeds af waar het echt om draait.

Zo span je het paard voor de wagen in plaats van erachter. Je stelt vast wat de essentie is, en vervolgens houd je je alleen daar nog mee bezig.

Vragen en suggesties die je helpen de essentie te bepalen

Gebruik onderstaande punten als leidraad om bij alles wat je doet voor de essentie te kiezen, vooral als je het moeilijk vindt om beslissingen te nemen. Wanneer je de slag eenmaal te pakken hebt, hoef je de vragen niet meer door te nemen; dan wordt het een automatisme.

1. **Wat zijn je waarden?** Waarden hebben betekent dat je weet welke dingen voor jou belangrijk zijn. Denk aan de dingen die echt belangrijk voor je zijn, de eigenschappen die je zou willen hebben, de principes die je in praktijk wilt brengen. Als je deze waarden eenmaal hebt vastgesteld, moet alles wat je doet en waarvoor je kiest hieruit voortvloeien.

2. **Wat zijn je doelen?** Wat wil je in je leven bereiken? En volgend jaar? En deze maand? Vandaag? Als je weet wat je probeert te bereiken, kun je bepalen of een bepaalde actie of een bepaald voorwerp je kan helpen dit te bereiken.

3. **Waar houd je van?** Denk eens na over waar je van houdt, met wie je graag tijd doorbrengt, wat je het liefst doet.

4. **Wat is belangrijk voor jou?** Maak op dezelfde manier een lijst met de belangrijkste dingen in je leven, in je werk, of op welke gebieden dan ook.

5. **Wat heeft het grootste effect?** Als je een keuze moet maken, vraag je dan af welk project of welke taak het meeste effect zal hebben op je leven of je loopbaan. Wat heeft het meeste effect op al het andere? Als je bijvoor-

beeld de keuze hebt tussen een paar telefoontjes afhandelen, een bespreking voeren en een rapport schrijven, denk dan eerst goed na over het effect van elk van deze bezigheden: de telefoontjes zijn met klanten die ieder misschien 100 dollar per maand aan je bedrijf uitgeven, de bespreking is met een klant die 10.000 dollar in het bedrijf stopt als de deal rondkomt, en het rapport wordt misschien wel nooit gelezen. Als dit het geval is, dan heeft de bespreking het meeste effect en is die daarom essentiëler.

6. **Wat heeft het grootste langetermijneffect?** Er is een verschil tussen de omvang van een bepaald effect en de langetermijnwaarde ervan. Zo kan een bespreking met een klant volgende week 10.000 dollar binnenbrengen, maar een langetermijn-marketingcampagne kan volgend jaar honderdduizenden dollars opleveren. Het effect hoeft niet per se in geld te worden uitgedrukt – het kan van alles zijn wat voor jou waardevol is.

7. **Behoeften versus wensen.** Dit is een goed criterium als je probeert te beslissen of je ergens geld aan wilt uitgeven. Wat zijn echte behoeften en wat zijn slechts dingen die je graag wilt? Als je kunt bepalen wat je behoeften zijn, kun je de meeste wensen – die per slot van rekening niet essentieel zijn – elimineren.

8. **Schrap wat niet essentieel is.** Soms is het zinvol om andersom te werken. Wanneer je een lijstje hebt met dingen die je nog moet doen, kun je bijvoorbeeld eerst

wegstrepen wat niet essentieel is. Je weet bijvoorbeeld dat je auto wassen minder belangrijk is dan je rekeningen betalen of een lekkage repareren die je honderden dollars aan waterrekening kost. Als je een aantal niet-essentiële dingen hebt geëlimineerd, houd je de meer essentiële dingen op je lijstje over.

9. **Telkens weer aanpassen.** Meestal lukt het je niet om al bij je eerste poging tot de essentie te komen. Je schrapt een aantal niet-essentiële punten en probeert het met wat er overblijft. Dan kijk je er na een week of twee nog eens naar en streep je nog wat punten door. Herhaal dit proces totdat je zeker weet dat je verder niets kunt elimineren.

Hoe je de vragen en suggesties kunt gebruiken

Bovenstaande puntenlijst is een goed middel om te bepalen wat voor jou essentieel is als je problemen hebt, welk terrein van je leven je ook onderzoekt. Van je projecten en taken op het werk, tot je e-mails, financiën, doelen, verplichtingen en de rommel in je huis en op je bureau, het bepalen van de essentie is de eerste en belangrijkste stap om dingen te vereenvoudigen, zodat je effectiever en gelukkiger kunt worden.

Het gaat erom dat je een paar momenten (of, zo nodig, uren of dagen) neemt om je bezigheden even te staken en er vanuit een breder perspectief naar te kijken. Richt je je op de essentiële dingen? Welke zijn dat? Kun je de niet-essentiële dingen elimineren? Neem de tijd om jezelf bovenstaande vragen te stellen, en je kunt veel beter inzoomen op wat je echt moet doen en wat je echt wilt doen. Je kunt je beter concentreren op de dingen die belangrijk zijn en je krijgt ze ook gedaan. Daarmee bespaar je tijd die je eerder besteedde aan dingen die niet belangrijk zijn, waar je niet van houdt of die niet tot de verwezenlijking van je doelen leiden.

Hier volgt een aantal manieren waarop je de essentievragen en -suggesties kunt toepassen (in volgende hoofdstukken komen ze uitgebreider aan bod):

- **Verplichtingen**: Welke verplichtingen in je leven zijn essentieel? Gebruik de punten uit het voorgaande, in het bijzonder die over waarden en doelen en de dingen waar je van houdt, om het aantal niet-essentiële verplichtingen terug te brengen.
- **Jaarlijkse doelen**: Als er een nieuw jaar aanbreekt, zijn we vaak vol goede voornemens om allerlei doelen te verwezenlijken. Het pakt echter niet altijd uit zoals we het ons aan het begin van het jaar hadden voorgesteld. Een van de redenen is dat we te veel doelen hebben. Kies per jaar één of twee doelen en richt je daarop. Leer de essentievragen en -suggesties te gebruiken om te beslissen welke doelen het meest essentieel zijn. Je kunt de minder essentiële doelen altijd later nog aanpakken.
- **Werkprojecten en -taken**: Wanneer je een lange lijst met projecten en taken hebt, dien je te vereenvoudigen – gebruik de essentievragen en -suggesties om te besluiten wat je prioriteiten zijn. Op welk project richt je

je deze week? Op welke taken richt je je vandaag? Schrap zo veel mogelijk niet-essentiële projecten en taken. De essentievragen en -suggesties met betrekking tot je doelen en het effect van afzonderlijke projecten en taken zijn het meest relevant.

- **E-mails:** Als je twintig te beantwoorden e-mails hebt, gebruik dan de essentievragen en -suggesties om de drie tot vijf e-mails te selecteren die je vandaag wilt beantwoorden. Dan kun je morgen naar de niet-essentiële mails kijken – of je verwijdert ze gewoon, als je durft.
- **Financiën:** De vraag of er sprake is van behoeften of wensen is belangrijk als het om financiën gaat, evenals de vragen met betrekking tot doelen en waarden. Wanneer je je uitgaven afstemt op je doelen en waarden, voorkom je een heleboel niet-essentiële uitgaven en sta je er financieel beter voor.
- **Spullen:** Stel jezelf de vraag over behoeften versus wensen, doe alles wat niet essentieel is weg en gebruik het proces van voortdurend herzien. Uiteindelijk heb je dan de rommel weg gefilterd en houd je alleen dingen over die noodzakelijk zijn, die je gebruikt en waar je van houdt.
- **Regelmatig herzien:** Kiezen voor de essentie is maar zelden een eenmalige beslissing. Het is iets wat je regelmatig moet herhalen, omdat er zich steeds weer nieuwe dingen opstapelen, omdat je waarden en doelen veranderen, omdat je leert dat je met steeds minder toe kunt. Als je een bepaald gebied van je leven onder de loep neemt, zet dan in je agenda wanneer je dat gebied opnieuw gaat bekijken en herhaal dit herzieningsproces

telkens weer. Leer van het proces zelf te genieten in plaats van naar een bepaalde uitkomst te streven.

Vereenvoudiging is niet bedoeld om je leven leger te maken, maar om ruimte in je leven te maken voor wat je echt wilt doen. Zorg dat je weet wat dat is voordat je gaat vereenvoudigen.

Principe 3: Vereenvoudigen – elimineren wat niet essentieel is

Als je eenmaal hebt vastgesteld wat voor jou essentieel is, is vereenvoudigen (principe 3) in theorie gemakkelijk: je hoeft alleen maar te verwijderen wat niet essentieel is. Maar in de praktijk kan het lastig zijn, hoewel oefening ook hier kunst baart.

Stel, je hebt een takenlijst en je hebt vastgesteld wat de drie belangrijkste dingen zijn die daarop staan. Om de lijst te vereenvoudigen, verwijder je vervolgens zo veel mogelijk niet-essentiële dingen – alles wat je niet als essentieel hebt aangeduid. Je begint dan met het wegstrepen van dingen die niet belangrijk zijn; vervolgens delegeer je taken die door collega's kunnen worden overgenomen; ten slotte stel je opdrachten uit die je wel moet doen, maar niet noodzakelijkerwijs vandaag.

Het wordt pas moeilijk als anderen willen dat je iets voor hen doet wat volgens jou niet essentieel is. In dergelijke gevallen moet je 'nee' leren zeggen. We praten hierover verder in het hoofdstuk over simpele afspraken, maar tot die tijd is het zinvol je te realiseren dat 'nee' zeggen niets anders betekent dan dat je je houdt aan je voornemen om je alleen met essentiële dingen bezig te houden. Als dat betekent dat je tegen mensen moet zeggen dat je geen tijd hebt om meer te doen, dan zit er niets anders op. En 'nee' zeggen wordt gemakkelijker naarmate je meer oefent, zeker als je er steeds meer op vertrouwt dat je er op de lange termijn veel profijt van kunt hebben je tot de essentie te beperken. Bovendien zullen anderen je respecteren omdat je eerlijk bent over de verplichtingen die je op je kunt nemen zonder jezelf te veel te belasten; mensen zullen respect hebben voor je tijd als jij dat ook hebt.

4

SIMPELE FOCUS

> Met het verleden heb ik niets te maken; met de toekomst evenmin. Ik leef nu.
>
> – Ralph Waldo Emerson

Het vierde principe van de kracht van minder doen en meer bereiken houdt in dat je je op je belangrijkste doel richt. Houd je met minder verschillende dingen bezig en word effectiever. Richt je op dat ene doel, zodat je het ook bereikt (waarover later meer). Doe niet aan multitasking, maar concentreer je op de taak die je onder handen hebt, dan word je productiever. Concentreer je op het heden om spanning en stress te verminderen.

> Principe 4: Focus is het belangrijkste instrument om effectiever te worden.

Hoe gebruik je focus om je leven beter te maken?

We kijken eerst hoe je de kracht van focus op verschillende manieren kunt gebruiken.

- **Richt je op een doel.** Focus is de factor die bepaalt of je al dan niet je doel verwezenlijkt of een nieuw ontwikkelde gewoonte volhoudt – niet zelfdiscipline, beloning of wilskracht, zelfs niet motivatie (hoewel dat ook een belangrijk onderdeel is). Als je je op een bepaald doel of een nieuwe gewoonte kunt blijven concentreren, is de kans groot dat je dat doel bereikt of die gewoonte volhoudt. Wanneer je die focus niet vasthoudt, zul je je doel niet bereiken, tenzij het zo gemakkelijk is dat je het toch wel had bereikt. Het is eigenlijk heel simpel.
- **Concentreer je op het nu.** Je op het heden richten kan je veel opleveren. Het helpt je stress te verminderen, maximaal van het leven te genieten en je effectiviteit te vergroten. Het is niet gemakkelijk om je op het nu te richten in plaats van op het verleden of de toekomst. Je zult veel moeten oefenen. In de volgende paragraaf onderzoeken we verder hoe je dit kunt doen.
- **Richt je op de taak die je onder handen hebt.** Ben je wel eens helemaal opgegaan in je taak, zodat de wereld om jc heen verdween? Je had geen idee meer van de tijd en werd volledig in beslag genomen door wat je aan het doen was. Dat is het populaire concept dat *flow* wordt genoemd (zie hoofdstuk 9, pagina 78 e.v.), een belangrijk element in het vinden van geluk. Wanneer je werk

of een andere bezigheid hebt die je in deze toestand brengt, leidt dat vrijwel altijd tot een gevoel van geluk. Mensen hebben het meeste plezier als ze opgaan in een uitdagende bezigheid en niet als ze gedachteloos en passief zijn. De eerste stap is dat je werk moet zoeken waar je gepassioneerd over bent. Vervolgens neem je alle afleiding weg en richt je je volledig op de taak die je op je genomen hebt.

- **Richt je op het positieve.** Een van de belangrijkste vaardigheden die ik heb geleerd is me bewust te worden van mijn negatieve gedachten en die te vervangen door positieve. Ik heb dit geleerd toen ik stopte met roken en toen ik ging hardlopen – er zijn veel momenten waarop je wilt opgeven en als je die negatieve gedachten niet op tijd onderschept, woekeren ze en groeien ze verder totdat je het inderdaad opgeeft. Probeer je in plaats daarvan op het positieve te richten. Denk aan hoe geweldig je je voelt. Denk aan hoe andere mensen het gedaan hebben; dat kun jij ook. Stel je voor hoe goed je je zult voelen als je bereikt wat je je hebt voorgenomen. Leer daarnaast in zo ongeveer iedere situatie het positieve te zien. Het is mijn ervaring dat je daar gelukkig van wordt, omdat je je niet richt op de moeilijke of negatieve kanten van je leven, maar op de goede dingen. Wees dankbaar voor wat je hebt.

Richt je op één taak (singletasking)

We leven in een wereld waarin multitasking de norm is. Je werkt aan twee projecten tegelijk, terwijl je baas alweer twee nieuwe klussen op je bureau heeft gelegd. Je zit aan de telefoon en tegelijkertijd komen er drie e-mailberichten binnen. Je probeert op tijd weg te gaan zodat je op weg naar huis nog wat boodschappen voor het avondeten kunt doen. Je Blackberry en je mobiele telefoon gaan tegelijk over. Je collega komt even binnenwippen met een verzoek om informatie en je Google Reader is gevuld met meer dan honderd boodschappen die nog gelezen moeten worden.

Je hebt geleerd om in hoog tempo, het internettijdperk waardig, met je taken te jongleren.

In dit tijdperk van instanttechnologie worden we bestookt met informatie en wordt er voortdurend beslag gelegd op onze tijd. Maar we zijn niet gemaakt voor een dergelijke overbelasting; we bezwijken onder de hoeveelheid dingen die we nog moeten doen en ons systeem stort in.

Ik pleit daarom voor singletasking en zo eenvoudig mogelijk werken, zowel in het belang van je geestelijke gezondheid als van je effectiviteit. Ik noem eerst nog een paar redenen om niet te multitasken:

1. Multitasking is minder efficiënt, omdat je bij aanvang van iedere nieuwe taak moet omschakelen en na afloop weer moet terugschakelen.
2. Multitasking is ingewikkelder en dus eerder een bron van stress en fouten.
3. Multitasking kan gekkenwerk zijn en daar moeten we

een stokje voor steken. We moeten juist de kleine oases van rust en kalmte opzoeken; deze wereld is al chaotisch genoeg.

Hier volgt een aantal manieren om te singletasken:

1. Begin 's morgens met je belangrijkste taak en doe niets anders totdat je daarmee klaar bent. Gun jezelf een korte pauze en begin vervolgens met je een na belangrijkste taak. Als je 's morgens twee of drie van deze BT's afkrijgt, is de rest een peulenschil.
2. Wanneer je aan een taak met een deadline werkt, schakel dan alle mogelijke afleidingen uit. Sluit, zo mogelijk, je e-mail en je internet af. Zet je mobiele telefoon uit en probeer ook je vaste telefoon niet te beantwoorden. Concentreer je op die ene taak en probeer die af te krijgen zonder je druk te maken om andere dingen.
3. Als je de drang voelt om je e-mails te lezen of tussendoor iets anders te doen, stop dan even, haal diep adem en concentreer je opnieuw. Keer terug naar je belangrijke taak.
4. Wanneer er andere dingen binnenkomen terwijl je bezig bent, leg die dan in je bakje 'inkomende post' of maak er op papier of in een tekstbestand op je computer een aantekening van. Ga vervolgens verder met waar je mee bezig was.
5. Telkens als je een taak hebt afgerond, verwerk je je aantekeningen en de inhoud van je postbakje, voeg je taken toe aan je takenlijst en pas zo nodig je planning aan. Verwerk regelmatig, met vooraf vastgestelde tus-

senpozen je e-mails en de inhoud van andere postvakjes.

6. Het kan gebeuren dat een onderbreking zo urgent is dat je haar niet kunt negeren. Probeer in dat geval op te schrijven waar je gebleven bent (maak aantekeningen als je daar tijd voor hebt) en leg alle stukken en aantekeningen met betrekking tot die taak zolang bij elkaar (misschien in een 'actiemap' of 'projectmap'). Als je later weer verdergaat, pak je de map en zoek je op waar je gebleven bent.
7. Haal af en toe een paar keer diep adem, doe wat rekoefeningen en neem pauzes. Geniet van het leven. Ga naar buiten, geniet van de natuur en houd jezelf in balans.

Hoe leef je in het hier en nu?

Zoals je singletasking kunt leren, zo kun je ook leren in het hier en nu te leven, en niet in het verleden of in de toekomst, zodat je rustig, productief, doeltreffend en geestelijk gezond blijft.

Je kunt alleen leren in het hier en nu te leven door te oefenen. In eerste instantie zal dat niet erg lukken. Je gedachten dwalen af, of je verliest je in denken over denken, je afvragen of je wel goed denkt en of goed denken wel bestaat enzovoort, totdat je niet langer in het hier en nu bent. Dat is normaal; we doen het allemaal.

Word niet boos op jezelf. Raak niet ontmoedigd. Oefen 's ochtends, oefen terwijl je luncht, oefen als je 's avond hardloopt of je hond uitlaat, oefen na het eten tijdens de afwas, oefen telkens wanneer je de kans krijgt. Dan word je er beter in, dat beloof ik.

Hier volgt een aantal manieren om in het hier en nu leven te oefenen.

1. **Als je eet, eet dan.** De beste manier om in het hier en nu te leven is maar één ding tegelijk te doen. Als je eet, lees dan niet, denk niet aan iets anders, strijk niet ondertussen je kleren (vooral niet als je iets eet wat vlekt). Eet gewoon. Let op wat je eet. Ervaar het ten volle: de smaak, de substantie. Doe het langzaam. Hetzelfde geldt voor al het andere: afwassen, douchen, autorijden, werken, spelen. Doe niet verschillende dingen tegelijk – doe alleen wat je aan het doen bent en verder niets.

2. **Bewustwording.** Een andere belangrijke stap is dat je bewust wordt van je gedachten. Het is onvermijdelijk dat je aan het verleden en aan de toekomst denkt. Dat geeft niet. Word je alleen bewust van die gedachten. Bewustwording brengt verandering.

3. **Wees geduldig.** Word niet boos op jezelf als je aan het verleden of aan de toekomst denkt. Probeer die gedachten niet te verdrijven. Wees je alleen bewust van het feit dat ze er zijn en laat ze los. Vervolgens breng je jezelf weer in het hier en nu.

4. **Lichaamsbeweging.** Lichaamsbeweging is mijn meditatie. Hardlopen is mijn oefening. Ik ren en probeer alleen maar te rennen. Ik concentreer me op het rennen, op mijn ademhaling, op mijn lichaam, op niets anders dan het hier en nu. Een geweldige oefening.

5. **Dagelijkse routines.** Alles kan jouw meditatie zijn. Als je afwast, is dat een oefening. Dat is jouw meditatie. Als je wandelt, concentreer je dan op het wandelen. Maak van alles wat je doet een oefening.

6. **Hang herinneringsbriefjes op.** Het is verstandig om een briefje op je koelkast, je computerscherm of je muur te hangen om jezelf aan je oefeningen te herinneren. Of gebruik Outlook om jezelf elke dag een bericht te sturen. Doe wat nodig is om te blijven oefenen met in het hier en nu leven.

7. **Mislukken kan niet.** Het zal je niet in één keer lukken, maar dat geeft niet, want het kan niet mislukken. Het enige wat ertoe doet is dat je oefent en als je blijft oefenen, zul je na verloop van tijd leren meer in het hier en nu te leven dan je nu doet. Je kunt het niet verkeerd doen, ook niet als je er een tijdje mee stopt. Dat je het überhaupt doet is al een succes. Sta stil bij al je kleine succesjes.

8. **Blijf oefenen.** Als je gefrustreerd raakt, haal dan even diep adem. Wanneer je jezelf de vraag stelt: 'Wat moet ik nu doen?' is het antwoord: 'Blijven oefenen.'

5

NIEUWE GEWOONTEN ONTWIKKELEN EN DE UITDAGING VAN DE KRACHT VAN MINDER DOEN

Nieuwe gewoonten aanleren, principe 5, is het geheim van het realiseren van blijvende veranderingen die je leven daadwerkelijk beter maken. In ieder hoofdstuk van dit boek wordt een reeks gewoonteveranderingen aanbevolen, maar als je die allemaal tegelijk probeert te realiseren, wordt het te veel en verbrokkelt je aandacht. In een paar weken tijd zijn de veranderingen die je nastreefde op niets uitgelopen.

> Principe 5: Leer nieuwe gewoonten aan om duurzame verbeteringen te realiseren

Je kunt alleen blijvend nieuwe gewoonten aanleren als je de kracht van minder doen toepast: richt je steeds gedurende een maand op één nieuwe gewoonte, zodat je al je energie kunt richten op het ontwikkelen van die ene gewoonte.

Het hulpmiddel dat je hierbij gebruikt is buitengewoon sterk: de uitdaging van de kracht van minder doen, een dertig dagen durende uitdaging die volgens duizenden lezers van mijn blog *Zen Habits* zeer effectief is om nieuwe gewoonten aan te leren. Het werkt als volgt:

1. **Kies één nieuwe gewoonte die je wilt aanleren.** Niet meer dan één per maand. Je kunt kiezen wat je wilt, iets wat volgens jou het grootste effect op je leven heeft.

2. **Schrijf een plan.** Formuleer expliciet wat iedere dag weer je doel is, wanneer je eraan werkt, wat je 'trigger' wordt (de gebeurtenis die direct voorafgaat aan de nieuwe gewoonte en die al onderdeel van je routine is, zoals sporten nadat je je tanden hebt gepoetst) en aan wie je verslag uitbrengt (zie hieronder).

3. **Maak je doel openbaar.** Vertel zo veel mogelijk mensen dat je probeert een nieuwe gewoonte aan te leren. Een online forum is hiervoor een goed middel, maar je kunt het ook aan collega's, familie en vrienden mailen of op een andere manier zorgen dat een grote groep mensen ervan weet.

4. **Breng verslag uit over je dagelijkse vorderingen.** Vertel diezelfde groep mensen iedere dag weer of je in je doel geslaagd bent.

5. **Sta even stil bij het feit dat je een nieuwe gewoonte hebt aangeleerd!** Na een maand heb je een nieuwe gewoonte ontwikkeld. Je zult er nog steeds bij moeten nadenken, maar als je de hele maand consequent bent geweest, zal de nieuwe gewoonte behoorlijk ingesleten zijn.

Waarom het werkt

Deze 30-dagen uitdaging is een van de beste manieren om een nieuwe gewoonte aan te leren en het heeft herhaaldelijk gewerkt, om verschillende redenen.

- **Je verplicht voelen.** Alleen al het feit dat je je ertoe verplicht de uitdaging aan te gaan, dat je je een meetbaar doel stelt en dat aan een grote groep mensen vertelt, is een enorme stap in de richting van de succesvolle doorvoering van een verandering.
- **Verantwoording afleggen.** Verslag uitbrengen maakt dat je je nieuwe gewoonte dagelijks wilt oefenen, zodat je je succes aan anderen kunt melden. Wanneer je kunt rapporteren dat je die dag je nieuwe gewoonte hebt geoefend, geeft dat een erg positief gevoel.
- **Aanmoediging.** Het is ook waardevol om verslag uit te brengen van je worsteling. Toen ik bijvoorbeeld tijdens een uitdaging een paar dagen ziek was geweest, vroeg ik mijn steungroep om mij te motiveren. Ze moedigden me aan en ik pakte mijn nieuwe gewoonte weer op.
- **Inspiratie.** Als je ziet dat anderen het heel goed doen, is dat inspirerend. Als zij het kunnen, kun jij het ook! In iedere groep uitdagers zitten wel een paar echt inspirerende mensen.

Je hoeft natuurlijk niet aan de 'maandelijkse uitdaging' op de forums van *Zen Habits* deel te nemen om een positieve verandering tot stand te brengen, maar ik raad je echt aan om – al dan niet online – een groep te vinden die je helpt je nieuwe gewoonten vol te houden. Er zijn meer dan genoeg online forums en community's die je kunnen bijstaan – de kracht van een groep kan je eigen kracht bij het veranderen van een gewoonte vergroten.

De regels

Je hoeft je maar aan een paar regels te houden om deze uitdaging tot een succes te maken. Als je dat doet, kan het niet missen: voor het eind van de maand heb je een nieuwe gewoonte aangeleerd.

- **Oefen slechts één gewoonte tegelijk.** Houd je aan deze regel, want ik kan je verzekeren dat de kans op succes veel kleiner wordt als je meerdere gewoonten tegelijk aanleert. Geloof me, ik heb beide manieren geprobeerd en het is mijn ervaring dat de kans op mislukking honderd procent is als je meerdere gewoonten tegelijk aanpakt en vijftig tot tachtig procent als je slechts één gewoonte per keer aanleert – afhankelijk van de vraag of je je ook aan de andere regels houdt.
- **Kies een gemakkelijk doel.** Begin niet aan iets waarvan je weet dat het moeilijk wordt. Later, als je expert bent in het veranderen van gewoonten, kun je iets lastigers nemen. Maar doe nu iets waarvan je weet dat je het iedere dag kunt oefenen. Het is zelfs beter om de lat nog wat lager te leggen. Als je denkt dat je iedere dag een half uur kunt oefenen, kies dan voor tien minuten – als je het supergemakkelijk maakt, weet je zeker dat je in je missie zult slagen.

- **Kies iets meetbaars.** Je moet onomwonden kunnen zeggen of je het op een bepaalde dag wel of niet gehaald hebt. Als je kiest voor lichaamsbeweging, stel dan een aantal minuten vast, of iets dergelijks (bijvoorbeeld iedere dag twintig minuten sporten). Wat je doel ook is, zorg dat je een maatstaf hebt.
- **Wees consequent.** Als het kan, werk dan iedere dag om dezelfde tijd aan je gewoonteverandering. Als je gaat sporten, doe dat dan bijvoorbeeld iedere ochtend om zeven uur (of om zes uur). Dit maakt de kans dat het een gewoonte wordt groter.
- **Breng dagelijks verslag uit.** Je kunt het ook eens in de twee à drie dagen doen, maar de kans op succes wordt groter als je iedere dag van je laat horen. Dit is tijdens de 'uitdagingen' keer op keer bewezen.
- **Blijf positief!** Houd rekening met zo nu en dan een terugval. Als het gebeurt, stel dat dan vast en ga gewoon verder. Schaamte hoort niet bij deze uitdaging.

Twaalf belangrijke gewoonten om mee te beginnen

Je kunt kiezen voor iedere gewoonte uit dit boek die jou van nut zou kunnen zijn, op je werk of in je privéleven. Maar als ik twaalf gewoonten moest aanraden om mee te beginnen (één voor iedere maand van het jaar), dan zouden dit de twaalf zijn waar de gemiddelde mens volgens mij het meest aan heeft (in latere hoofdstukken meer over de afzonderlijke gewoonten).

1. Stel iedere ochtend je drie belangrijkste taken (BT's) vast.
2. Doe niet aan multitasking. Als je aan een bepaalde taak werkt, houd je je verre van andere taken.
3. Maak je inbox leeg.
4. Check je e-mail niet vaker dan twee keer per dag.
5. Doe vijf tot tien minuten per dag aan sport.
6. Zorg dat je niet wordt afgeleid als je aan het werk bent.
7. Hanteer een vast ochtendritueel.
8. Eet meer groente en fruit.
9. Houd je bureau opgeruimd.
10. Zeg 'nee' tegen verplichtingen en verzoeken die niet op je lijstje staan (zie hoofdstuk 13 over simpele verplichtingen).
11. Ruime iedere dag een kwartier lang je huis op.
12. Houd je aan een limiet van vijf zinnen per e-mail.

6

KLEIN BEGINNEN

Hoewel je met de eerste vijf principes van dit boek al veel gewonnen hebt, kun je met principe 6, klein beginnen, de kans op succes voor de overige veranderingen op een eenvoudige manier vergroten.

> Principe 6: Voer nieuwe gewoonten stapsgewijs in om zeker te zijn van succes.

Mensen zijn vaak enthousiast over veranderingen – of het nu gaat om het implementeren van een nieuw productiviteitssysteem of het starten van een fitnessprogramma; daarom beginnen ze vaak zeer ambitieus.

Het probleem is dat dit enthousiasme na een week of twee vaak verdampt en het doel niet wordt bereikt. Dat is het lot van vrijwel alle goede voornemens voor het nieuwe jaar: mensen beginnen vol goede moed, maar eind januari is er niets meer van over.

De oplossing is: klein beginnen. Houd je aan dit principe bij alles wat je doet, bij elke nieuwe gewoonte, bij iedere verandering in je leven. Ik heb het keer op keer getest als er iets in mijn leven veranderde. Wanneer ik een nieuw trainingsprogramma ga volgen, begin ik zo gemakkelijk mogelijk, zelfs als ik weet dat ik beter kan. Als ik een nieuwe gewoonte wil ontwikkelen, begin ik met een heel kleine verandering, zelfs als ik denk dat ik meer aankan. Toen ik besloot om vroeger op te staan, begon ik met een kwartiertje vroeger.

Waarom klein beginnen goed werkt

Mensen slaan principe 6 vaak over, omdat ze niet goed begrijpen waarom het zo belangrijk is. Hier volgt een aantal belangrijke redenen waarom klein beginnen zo goed werkt.

- **Het houdt je gefocust.** Zoals we bij principe vier al hebben gezien, is focus ontzettend belangrijk om iets voor elkaar te krijgen. Wanneer je aan een nieuwe onderneming of een verandering in je leven begint en je doet alles tegelijk, dan verbrokkelt je aandacht en word je minder effectief. Maar door klein te beginnen blijf je gefocust en vergroot je je effectiviteit.
- **Het houdt je energie en enthousiasme langer op peil.** Door onder je niveau te beginnen, bouw je een reservoir aan energie en enthousiasme op, als water achter de dijk. Dit zorgt ervoor dat je niet te snel je kruit verschiet; je houdt het veel langer vol.
- **Het is gemakkelijker te hanteren.** Gemakkelijker is beter, vooral in het begin. Als de verandering die je wilt doorvoeren moeilijk te handhaven is, wordt de kans groter dat je het niet redt.

- **Succes is gegarandeerd.** Kies iets wat zo klein is dat succes bijna verzekerd is. Een klein succes is inderdaad niet zo bevredigend als een groot succes, maar het is alleen op korte termijn klein. Als je begint met een klein succesje, kun je dat verder uitbouwen en nog een klein succesje behalen en dat weer verder uitbouwen enzovoort, totdat je een reeks kleine successen hebt die samen een zeer groot succes vormen. En dat is veel beter dan één grote mislukking.
- **Geleidelijke veranderingen zijn duurzamer.** Denk maar aan afvallen. Als je een streng en drastisch dieet volgt waarmee je in twee maanden misschien wel twintig kilo kwijtraakt, voelt dat waarschijnlijk fantastisch, maar de kans is groot dat die twintig kilo weer terugkomen, en misschien nog wel wat meer. Maar als je het in kleine stapjes doet – met een of twee pond per week – is de kans veel groter dat die kilo's wegblijven. In onderzoeken naar gewichtsverlies wordt dit herhaaldelijk aangetoond en het gaat ook op bij andere veranderingen. Voer geleidelijke veranderingen door, in een reeks kleine stapjes, dan is de kans dat die veranderingen beklijven groter dan wanneer je in één keer een grote verandering probeert door te voeren.

Klein beginnen in de praktijk

Wanneer en waarmee moet je dan klein beginnen? Altijd en met alles. Welke gewoonteverandering je ook onderneemt, iedere verandering op het gebied van lichaamsbeweging, productiviteit of andere gebieden van je leven, begint klein. Hier volgen een paar voorbeelden.

- **Lichaamsbeweging**: Begin met vijf tot tien minuten per dag, in plaats van een half uur.
- **Vroeg opstaan**: Begin met een kwartier eerder opstaan in plaats van één of twee uur.
- **Productiviteit**: Begin met je vijf tot tien minuten achter elkaar op je taak te concentreren.
- **Effectief e-mailgebruik**: Begin met iets minder vaak je e-mailberichten lezen.
- **Gezond eten**: Begin met het veranderen van slechts één aspect van je eetgewoonten, in plaats van een drastisch dieet te volgen.
- **Een groot project**: Begin met slechts een klein onderdeel van het project, in plaats van alles tegelijk aan te pakken. Ga vervolgens naar het volgende kleine onderdeel enzovoort.
- **Opruimen**: Begin met één la, in plaats van in één keer je hele kantoor of huis aan te pakken.

Deel 2

DE PRAKTIJK

7

SIMPELE DOELEN EN PROJECTEN

Ik ben net zo ambitieus bij het stellen van mijn doelen als de meeste andere mensen – ik heb vaak meerdere doelen met betrekking tot mijn werk en op het gebied van mijn persoonlijke ontwikkeling. Die doelen kunnen variëren van een nieuwe taal leren tot een marathon lopen. En hoewel ik altijd enthousiast ben geweest over nieuwe doelen stellen en verwezenlijken, lijkt mijn lijst met dingen die ik wil bereiken sneller te groeien dan mijn voortgang ten aanzien van welke van deze doelen dan ook.

Het is gemakkelijk om doelen te stellen, maar als ze de moeite van het realiseren waard zijn, zijn ze vaak buitengewoon moeilijk te realiseren.

Een doel verwezenlijken vraagt energie, focus en motivatie – drie dingen die we allemaal slechts in beperkte mate in huis hebben, hoe gedreven we ook zijn. Door veel doelen tegelijk aan te pakken versnipper je je energie, je focus en je motivatie, zodat je vaak na de eerste weken van enthousiasme je kruit al verschoten hebt. Dan blijven die doelen werkeloos op je lijstje staan, terwijl jij je schuldig voelt omdat je ze niet hebt waargemaakt. De kracht van minder leent zich er bij uitstek voor om doelen te verwezenlijken: beperk je tot minder doelen, dan bereik je meer.

Tegelijkertijd kijken we naar manieren om je focus op je projecten toe te spitsen, zodat je ze doeltreffender kunt afronden en verder kunt gaan met je doelen. We begrenzen onze projecten om onze effectiviteit te vergroten.

Het doel-voor-doelsysteem

Het doel-voor-doelsysteem is eenvoudig: je richt je op één doel tegelijk om je effectiviteit ten aanzien van dat doel te vergroten. Om het doel in concrete stappen te verdelen, richt je je op één subdoel tegelijk.

1. **Kies een doel.** Maak een lijst van de doelen die je de komende jaren zou willen bereiken. Er kunnen tien dingen op staan, of misschien wel twintig. Nu zou je kunnen proberen aan al die doelen tegelijk te gaan werken, of aan zo veel mogelijk. Maar dan verwatert je effectiviteit. Kies in plaats daarvan één doel en richt je daar volledig op totdat je het kunt wegstrepen.

   Ik zou je aanraden een doel te kiezen dat je heel graag wilt bereiken. Hoe sterker je verlangen, hoe groter de kans dat je aan dat doel blijft werken totdat je het hebt bereikt. Het is niet genoeg om te zeggen: 'Het zou leuk zijn als ik dat zou bereiken.' Je moet het zo graag willen dat je het de komende maanden tot je hoogste prioriteit maakt.

   Ik raad je verder aan een doel te kiezen waarvan de

verwezenlijking ongeveer een half jaar duurt. Als het langer dan een jaar duurt, zal het je moeite kosten om gefocust te blijven. Als het veel korter dan zes maanden duurt, zou het iets kunnen zijn wat de moeite van je inspanningen niet waard is.

En als je het echt heel graag wilt, maar het kost je twee jaar of meer, wat dan? Deel het dan op in subdoelen, zodanig dat realisering van het eerste subdoel ongeveer een jaar gaat duren. Als je bijvoorbeeld jurist wilt worden, moet je rechten gaan studeren en kun je na drie jaar je bachelor halen, eventueel gevolgd door een masteropleiding van één of twee jaar. Wanneer je over de juiste vooropleiding beschikt, kan het kiezen van een goede universiteit je eerste doel zijn.

2. **Splits het op in subdoelen.** Als je eenmaal hebt besloten dat ene doel na te streven, is de volgende stap je te gaan concentreren op een kleiner subdoel dat je in de komende één of twee maanden kunt realiseren. Binnen dit voorbeeld kun je onderzoeken of je aan de toelatingseisen voldoet en welke universiteiten een goede rechtenopleiding hebben, waarna je een aantal universiteiten selecteert waarbij je informatie opvraagt. Dit subdoel zou je kunnen samenvatten onder de noemer: 'Onderzoek doen naar goede opleidingen'.

   Subdoelen zijn bedoeld om kleinere stappen te maken, die gemakkelijker te realiseren zijn dan grote, meerjarige doelen. Wanneer je een doel niet in kleinere stappen opdeelt, kun je verlamd raken door de omvang en de vaagheid ervan. Je kunt niet vandaag de beslissing nemen en morgen met een opleiding beginnen. Dat vereist op zijn minst enige voorbereiding. Dus moet je het doel opdelen in kleine uitvoerbare stappen.

3. **Wekelijks doel**. Creëer iedere week een nieuw doel dat je dichter bij het realiseren van je subdoel brengt. Uitgaand van eerder genoemd voorbeeld, zou je deze week kunnen besteden aan het inventariseren van goede rechtenopleidingen in je regio, hun websites opzoeken en over de opleidingen lezen. Dat is dan je weekdoel.

4. **Dagelijkse actie**. Kies vervolgens per dag een actie die je dichter bij je weekdoel brengt. Maak van deze actie je belangrijkste taak (BT) voor die dag. Doe dat eerst, voordat je andere dingen gaat doen, en laat je niet afleiden als er andere, urgentere dingen langskomen; blijf gefocust op je doel.

   Dit klinkt misschien ingewikkeld, maar in de praktijk is het heel eenvoudig. Je stelt jezelf één doel voor een periode van een jaar (dit kun je op elk moment doen, je hoeft niet te wachten tot het januari is). Je stelt een subdoel vast, waar je een maand of twee mee bezig bent. Je bepaalt iedere week een nieuw weekdoel en je kiest iedere dag een taak die je dichter bij dat doel brengt en maakt die tot je belangrijkste taak van de dag.

Dit doel-voor-doelsysteem zorgt ervoor dat je gefocust blijft op het bereiken van je doel en dat je er iedere dag een stapje dichterbij komt. Het zorgt ervoor dat je je aandacht niet over te veel verschillende dingen hoeft te verdelen, zodat je al je energie kunt richten op de realisatie van dit ene doel.

Een lijst met simpele projecten

Als je nog geen projectenoverzicht hebt, stel ik voor dat je direct een ruwe versie maakt. Noteer alle projecten die er in je leven spelen, waaronder al je werkprojecten, eventuele persoonlijke en thuisprojecten, projecten voor vrijwilligersorganisaties enzovoort. Ga als globale richtlijn uit van alles waarvan de uitvoering op z'n minst een dag duurt. Maar als het in een uur of twee kan, kun je het ook vermelden – een project bestaat meestal uit verscheidene taken die moeten worden uitgevoerd.

Hoeveel projecten staan er op je overzicht? De meeste mensen hebben een lijst met tien tot twintig projecten. Als je geen 'nee' kunt zeggen of als je het uitzonderlijk druk hebt, zijn het er misschien wel meer. Dat is geen goed teken. Een grote hoeveelheid projecten leidt tot ineffectiviteit.

Nu ga ik je vragen iets te doen wat voor sommige mensen erg moeilijk is: selecteer de drie belangrijkste projecten uit je overzicht. Kies er in totaal drie, niet drie uit ieder gebied van je leven.

Deze drie projecten vormen je simpele projectenlijst. Al het andere schrijf je op een tweede overzicht, dat we de reservelijst zullen noemen. Waarschijnlijk kom je wel aan deze projecten op je reservelijst toe, maar dat zal nog even duren. Ze staan in de wacht, totdat je de drie projecten op je simpele projectenlijst hebt afgerond.

Met andere woorden, als je een project van je simpele projectenlijst hebt afgerond, vervang je dat niet meteen door een ander project van je reservelijst. Pas als je alle drie de projecten van je simpele projectenlijst hebt afgerond, maak je een nieuwe simpele projectenlijst met projecten op je reservelijst. Dit zorgt ervoor dat je alle drie de geselecteerde projecten voltooit en dat je niet tussendoor nieuwe projecten van je reservelijst op je actieve lijst zet. Het maakt dat je je concentreert op de afronding van alle drie de geselecteerde projecten, niet slechts op één of twee.

Je richt al je aandacht op de drie projecten op je simpele projectenlijst, totdat ze voltooid zijn, en vervolgens op drie nieuwe projecten die je van je reservelijst hebt gehaald. Dit zorgt ervoor dat je je aandacht niet te veel versnippert en dat je je projecten ook echt afrondt.

Het is belangrijk dat ten minste één van je drie geselecteerde projecten verband houdt met je ene doel, zodat je daar altijd aan werkt. Voor de andere twee projecten op je actieve lijst kun je een ander werkgerelateerd doel en een persoonlijk doel kiezen – wat voor jouw situatie maar het best werkt.

Waarom niet slechts één project? Als je effectiever wordt door je tot drie projecten te beperken, waarom je dan niet verder beperken tot slechts één project, zodat je nóg effectiever wordt? Dat zou logisch zijn, omdat ik je ook aanraad om je op slechts één doel te concentreren. Maar de realiteit is dat de meeste projecten wel eens stagneren doordat je wacht op informatie, op mensen die niet terugbellen, op collega's die dingen moeten afmaken of op leveranciers of klanten die iets moeten doen. Het gebeurt maar zelden dat je een project opstart en er vervolgens zonder onderbreking aan kunt doorwerken totdat het klaar is. Mocht dat wel mogelijk zijn, dan zou ik het zeker aanraden: begin ermee en werk nergens anders aan totdat het project klaar is.

Helaas loopt het meestal anders: we wachten op informatie of op dingen die door anderen moeten worden gedaan voordat we verder kunnen naar een volgende fase. En dus multitasken we – niet op taakniveau, maar op projectniveau. Wanneer een project een uur, een dag of een paar dagen wordt onderbroken, kun je aan een ander project werken. Ik heb gemerkt dat drie projecten het beste aantal is voor deze vorm van multitasking op projectniveau. Aan meer dan drie projecten werken gaat ten koste van de effectiviteit.

Dit systeem werkt goed als een project niet langer dan een maand duurt, maar bij voorkeur slechts een week of twee. Als een project bijvoorbeeld een jaar duurt, zou je een jaar lang niet aan andere projecten kunnen werken. Dat is te lang om andere terreinen van je leven in de wacht te zetten. Breek daarom langetermijnprojecten op in kleinere projecten die hooguit een maand duren. Als je bijvoorbeeld een tijdschrift op de markt wilt brengen, richt je dan eerst op de vormgeving van het blad, dan op de samenstelling van een team, vervolgens op de financiering enzovoort.

Richt je op de voltooiing

Veel mensen verliezen hun focus op wat belangrijk is als het om projectmanagement gaat. We kunnen verstrikt raken in de organisatie van het project, in het opstellen van een takenlijst en een tijdpad en het toewijzen van taken aan verschillende teamleden. Misschien raken we verstrikt in vergaderingen over onze projecten, in het versturen van e-mails en instant messages over het project. Ook kunnen we verstrikt raken in de technologie van het geheel.

Maar de echte focus van welk project dan ook moet gericht zijn op de voltooiing. Concentreer je er iedere dag weer op de afronding van je project dichterbij te brengen. Laat je niet afleiden en stop al je energie in één project tegelijk – zo nodig kun je switchen naar een van je andere drie actieve projecten, maar concentreer je op het moment zelf op niet meer dan één project. En werk steeds dichter naar het moment van voltooiing toe, totdat het zover is.

Hier volgt een aantal tips om dit te realiseren.

- **Zorg dat je een eindresultaat in gedachten hebt.** Hoe weet je wanneer je project is voltooid? Je moet een duidelijk gedefinieerd eindresultaat hebben. Visualiseer hoe het project eruit zal zien als je klaar bent. Schrijf dit vervolgens in een of twee zinnen op, naast de naam van het project op je simpele projectenlijst. Hier werk je naartoe.
- **Ga van projectniveau naar taakniveau.** Je kunt geen projecten uitvoeren, je kunt alleen taken uitvoeren. Een van de eerste stappen na het beschrijven van het gewenste eindresultaat is het opsommen van de taken die nodig zijn om dit eindresultaat te behalen. Vervolgens kies je de eerste taak van deze lijst die uitgevoerd moet worden en richt je je erop die te volbrengen. Als dat gebeurd is, richt je je op de volgende taak enzovoort, tot-

dat je klaar bent. Eén taak tegelijk.

- **Kies iedere dag een taak die je dichter bij het eindresultaat brengt.** Kies aan het begin van de dag je drie belangrijkste taken (of BT's – meer hierover in het vervolg van dit boek) die je die dag wilt afronden. Wat je verder ook doet, als je deze drie BT's afkrijgt, is je dag goed. Ten minste één van deze BT's moet verband houden met een van je projecten, maar het liefst alle drie. Door deze methode te gebruiken kom je iedere dag dichter bij de voltooiing van je projecten.
- **Evalueer tussentijds je vooruitgang.** Wanneer je aan een project werkt, verlies je gemakkelijk het grotere geheel uit het oog. Bijvoorbeeld door je te veel te richten op de organisatie, de communicatie, de technologie of de mensen. Om dit te voorkomen kun je één keer per week je projecten evalueren en kijken hoeveel dichter je bij het einddoel bent gekomen en wat er nog gedaan moet worden. Als je merkt dat je bezig bent met dingen die je niet dichter bij voltooiing brengen, zorg dan voor nieuwe focus.

En als ik nu geen zeggenschap heb over mijn projectenlijst?

Als je geluk hebt, ben je zelf de baas over je projectenlijst – je bepaalt aan welke projecten je werkt en aan hoeveel projecten je tegelijkertijd wilt werken. Helaas verkeren we niet allemaal in deze omstandigheden. Ik weet hoe frustrerend het is voor een baas te werken, die (soms op microscopisch niveau) dicteert waar je aan moet werken. Bazen kunnen enorme *controlfreaks* zijn. Misschien helpt dat hen hun eigen projecten goed af te ronden, maar voor jou is het verre van ideaal.

Jij wilt je misschien beperken tot de drie projecten die je hebt geselecteerd om effectiever te kunnen werken, maar dat heb je niet altijd in de hand. Het kan zijn dat jij drie projecten kiest, maar dat je baas er nog een paar bij doet en wil dat je die direct uitvoert.

Gelukkig zijn er een paar strategieën die je kunt gebruiken om het aantal projecten waar je aan werkt te beperken, zelfs als je geen volledige zeggenschap over je projectenlijst hebt. Niet al deze strategieën zullen voor jou werken, maar kies er gewoon een die jou aanspreekt en waag het erop:

1. **Maak je eigen projectenlijst.** Soms is het beter om achteraf vergiffenis dan vooraf toestemming te vragen. Dat wil zeggen dat je doet wat volgens jou het best is en dat je je baas daar pas later over vertelt, als het een succes is geworden. Deze strategie werkt het best als je baas geen enorme controlfreak is en niet voortdurend voortgangsrapportage eist. Wanneer je ten minste een paar dagen, maar bij voorkeur een week je eigen gang kunt gaan, kan deze strategie werken. Selecteer je drie belangrijkste projecten en richt je daar volledig op. Wanneer je die hebt uitgevoerd en afgerond, kun je je baas over je nieuwe systeem vertellen en dit aanvoeren als de reden voor je succes. Of vertel helemaal niets, maar blijf het gewoon zo doen. Het kan je baas misschien niet zo veel schelen hoe je je projecten volbrengt, áls je ze maar volbrengt.

2. **Vertraging.** Wanneer je baas erop staat dat je aan meer dan drie projecten tegelijk werkt en je voortdurend om voortgangsrapportage vraagt, kunnen vertragingstactieken nuttig zijn. Dat betekent dat je je evengoed op je drie belangrijkste projecten richt en probeert die zo snel mogelijk te voltooien – maar de andere projecten waar je van je baas aan moet werken vertraag je net zo lang totdat je je drie geselecteerde projecten hebt afgerond. Vraag om uitstel, leg bepaalde taken bij anderen neer, zodat het project een dag of twee vertraging oploopt, of zeg (naar waarheid) dat je vandaag niet aan het project bent toegekomen omdat je aan andere projecten werkt. Ik wil niet aanzetten tot oneerlijkheid, maar wel tot oprechte vertraging.

3. **Praat met je baas over je systeem.** Dit is naar mijn mening de beste strategie uit het rijtje. Als het kan, raad ik je deze van harte aan. Het werkt als volgt: praat met je baas en vertel hem of haar over je systeem – de simpele projectenlijst. Zeg dat het je effectiever maakt en dat je dankzij dit systeem van beperkingen je projecten beter kunt voltooien. Zorg wel dat je deze belofte waarmaakt – je baas zal niet blij zijn als je je tot drie projecten beperkt en die vervolgens niet afmaakt. Zo nodig kun je je baas dit boek laten lezen. Als dat niet genoeg is, laat hem dan mijn website zien (zenhabits.net), of geef hem mijn e-mailadres (dat staat op mijn site); dan zal ik wel eens even met hem praten.

4. **Vraag je baas om een keuze te maken.** Wanneer geen van bovenstaande strategieën werkt, je baas nieuwe projecten blijft aandragen en erop aandringt dat je aan al die projecten tegelijk werkt, dan moet je eerlijk tegen hem zijn – je hebt slechts een beperkte hoeveelheid tijd tot je beschikking en je kunt niet alles tegelijk doen. Praat hier met je baas over, en als hij niet wil dat jij projecten selecteert om aan te werken, laat hem dat dan doen. Laat hem de projecten zien die hij je heeft gegeven plus alles wat er op je projectenlijst en je takenlijst staat, en leg uit dat je tijd hebt om aan drie projecten tegelijk te werken. Laat hem kiezen welke dat zijn en zeg dat je je volledig op die drie projecten zult concentreren en dat hij drie nieuwe mag kiezen als je klaar bent enzovoort. Als je baas niet wil toegeven dat je tijd beperkt is en dat je maar aan een beperkt aantal projecten tegelijk kunt werken, wordt het misschien tijd om eens naar een andere baan uit te kijken – je baas vraagt meer van je dan menselijkerwijs mogelijk is.

8

SIMPELE TAKEN

Wanneer je je doelen en projecten hebt vereenvoudigd, zoals in het vorige hoofdstuk is beschreven, heb je een grote stap gezet naar minder doen en tegelijkertijd efficiënter en effectiever werken. Maar pas als je op taakniveau aan de slag gaat, kun je echt iets bereiken. Je hebt pas iets gedaan als je je taken hebt uitgevoerd.

Op praktisch niveau kan het vereenvoudigen van je taken de belangrijkste stap zijn. Ook in dit hoofdstuk richten we ons op minder maar effectiever werken, of met minder stress meer voor elkaar krijgen. Dat doen we door middel van beperkingen, door ons met één ding tegelijk bezig te houden en door te focussen op kleine dingen.

Belangrijkste taken (BT's)

Op taakniveau houdt de kracht van de beperking in dat je de drie belangrijkste taken selecteert waar je je die dag op gaat richten. Het is heel eenvoudig: je BT's zijn de taken die je op die dag absoluut wilt of moet volbrengen. Ik kies iedere dag drie BT's, maar misschien werken twee BT's voor jou beter, of vier. Ik stel voor dat je begint met drie en kijkt of dat werkt.

Kun je dan niet meer dan drie dingen doen? Natuurlijk wel, maar het gaat erom dat je die dingen kiest die je hoe dan ook gedaan wilt krijgen, wat je verder die dag ook doet. Mijn BT is het eerste wat ik 's ochtends doe, vlak nadat ik een glas water heb gedronken om wakker te worden.

Hoe zit het dan met de andere dingen die er op een dag moeten worden gedaan? Dit zijn meestal kleinere, minder belangrijke taken of klusjes, die ook moeten gebeuren. Onbelangrijke dingen die dagelijks moeten worden gedaan staan vaak belangrijke langetermijntaken in de weg, maar als je ervoor zorgt dat je BT's iedere dag weer je eerste prioriteit zijn, worden niet de onbelangrijke, maar de belangrijke dingen gedaan; dat is het mooie van BT's. Als ik klaar ben met mijn BT's, doe ik de kleinere taken in groepjes. (Ik noem dit takenbundels – meer hierover in het volgende hoofdstuk.)

Voor mij is het cruciaal dat ten minste één van de taken verband houdt met een van mijn doelen. Hoewel de andere twee werkgerelateerd kunnen zijn (en dat meestal ook zijn), moet ten minste één van de drie belangrijkste taken samenhangen met mijn doel. Dit zorgt ervoor dat ik iets doe om mijn doelen voor die dag dichterbij te brengen, en dat maakt een groot verschil. Iedere dag weer doe ik iets wat mijn dromen dichterbij brengt. Het maakt deel uit van mijn ochtendroutine: een taak vaststellen om een van mijn doelen te realiseren. En zo gaat het ook dag na dag, en vanzelf. Het is wel cruciaal dat je 's morgens eerst je BT's uitvoert, hetzij thuis, hetzij meteen als je op je werk komt. Wanneer je ze tot later uitstelt, krijg je het te druk en heb je geen tijd meer. Zorg dat je ze van je lijst kunt schrappen; dan is alles wat je die dag verder nog doet mooi meegenomen. Het is zo'n kleine stap, en toch is het voor de meeste mensen een openbaring. Kleine dingen kunnen een groot verschil maken.

Doorslaggevende factoren om BT's voor jou te laten werken zijn:

- Stel 's morgens eerst vast wat je BT's zijn.
- Beperk je tot drie taken.
- Zorg dat één van die taken verband houdt met je doel of met een van je drie belangrijkste projecten.
- Concentreer je vóór alles op het volbrengen van deze taken.
- Begin 's morgens met je BT's en doe pas andere dingen als deze klaar zijn.
- Zorg dat je niet multitaskt als je een van je BT's uitvoert – richt je alleen op die ene taak (zie principe 4).

Kleine taken

Het is belangrijk om je op minder, maar crucialere taken te richten, maar om echt te vereenvoudigen moeten we ook naar de omvang van die taken kijken. We kunnen ons wel op een specifieke taak concentreren, maar als die erg omvangrijk is en veel vergt, durven we er niet aan te beginnen. Het aantal taken beperken levert niets op als die taken te groot zijn.

Wel kun je dingen opsplitsen in kleinere taken die in hooguit een uur tijd kunnen worden uitgevoerd – twintig tot dertig minuten zou nog beter zijn, of tien tot vijftien minuten. Hoe kleiner hoe beter. De kans dat je ze ook daadwerkelijk afmaakt, neemt daarmee toe. Stel, er ligt een enorme taak op je te wachten, zoals 'Schrijf het jaarverslag'. Je kijkt naar die taak, je weet dat je hem zou moeten uitvoeren, maar je komt niet verder dan ernaar kijken. Dan controleer je je e-mail of je banksaldo (sta je nog steeds rood?), je logt in op een forum of belt een vriend of collega. De grote taak wordt niet uitgevoerd. Je kunt dit oplossen door de taak kleiner te maken.

'Opzet verslag maken' of 'brainstormen over verslagonderwerpen' is veel beter, omdat dat dingen zijn die in een kortere tijd kunnen worden gedaan. Ze vergen minder van je. Je kunt ermee aan de slag en tien of twintig minuten later ben je klaar.

Wanneer je merkt dat je een belangrijke taak uitstelt, probeer die dan op te splitsen in kleinere taken en ga gewoon aan het werk. Stel niets uit, maar ga aan de slag. Zo maak je gebruik van de impuls van het moment en doorbreek je je weerstand. De kans dat je vervolgens verdergaat met de volgende kleine taak en die daarna en die dáárna, net zo lang totdat de grote taak volbracht is, is hiermee veel groter. Kleine taken werken altijd beter dan grote taken.

9

SIMPEL TIJDMANAGEMENT

Er zijn natuurlijk mensen die supergeorganiseerd zijn, die alles tot op de minuut plannen en die zich vervolgens ook aan die planning houden, maar voor de meesten van ons gaat dat niet op. We plannen alles, maar een dag ziet er meestal heel anders uit dan we hadden bedacht.

Dat komt natuurlijk doordat dingen veranderen en we ons daaraan moeten aanpassen. Tijdmanagement hoeft geen rigide en tijdverslindend proces te zijn, zeker niet gezien de flexibele dienstverbanden die veel mensen tegenwoordig hebben.

Een open aanpak

Voor diegenen die een planning te dwingend vinden en liever een open aanpak hanteren, is minimalistisch tijdmanagement een goed idee. In plaats van je leven te laten bepalen door je agenda, laat je je leven bepalen door het moment. Hoe kun je dat doen? Plan, om te beginnen, geen afspraken. Dit is voor veel mensen een nogal radicaal uitgangspunt, maar het is niet nieuw en anderen hebben er veel profijt van gehad. Als iemand een afspraak met je wil, zeg dan dat je geen afspraken maakt. Vraag of hij je kort voordat hij je wil spreken belt om te kijken of je tijd hebt. Als je beschikbaar bent, laat je hem komen. Beperk dit soort besprekingen tot een minimum als je echt productief wilt zijn.

Er is wel een aantal dingen dat je in je agenda kunt zetten. (Ik gebruik Google Calendar, dat is overal toegankelijk.) Dat je ze in je agenda zet betekent overigens niet dat je ze ook altijd nakomt. Je agenda is dan een middel om te kijken wat je opties zijn, geen keurslijf dat je hele leven bepaalt. Ik stel wel voor niet te veel in je agenda te zetten.

Wat doe je dán als je niet volgens een strak schema werkt? Weet wat je prioriteiten zijn (zie ook het volgende onderdeel) en beslis zo nu en dan wat je zou kunnen doen op basis van je prioriteiten en de hoeveelheid tijd en energie die je hebt.

Leer in het hier en nu te leven, concentreer je op één taak tegelijk en stort je volledig op die ene taak. Wanneer je merkt dat je niet enthousiast bent over een bepaalde taak, sta jezelf dan toe om iets anders te gaan doen waar je wel enthousiast over bent. Hoe gepassioneerder je over een taak of een project bent, hoe meer energie je erin steekt en hoe beter je presteert.

Je volledig overgeven aan een bepaalde bezigheid wordt wel *flow* genoemd. Flow staat de laatste tijd veel in de belangstelling, zowel in de wetenschap als in de wereld van de productiviteit. Mensen hebben ontdekt dat een toestand van flow tot een grotere productiviteit en meer geluksgevoel kan leiden. In wezen is flow een gemoedstoestand waarbij je in een taak opgaat en de wereld om je heen verdwijnt. Je vergeet de tijd. We hebben dit allemaal wel eens meegemaakt – het is de kunst om jezelf bewust in een toestand van flow te brengen.

Dat kun je op de volgende manier doen:

1. Kies een taak waar je gepassioneerd over bent. Als het iets is waar je niets aan vindt, zul je geen toestand van flow ervaren.
2. Kies een taak die uitdagend is, maar niet té uitdagend. Ook als hij te moeilijk is, zul je geen flow ervaren; en als hij te gemakkelijk is, ga je je vervelen.
3. Voorkom afleiding. Hoe minder je aan andere dingen denkt, hoe beter. Je moet je volledig op deze taak richten. Houd afleidingen als telefoons, e-mailberichten, instant messenger, rommel op je bureau of op je beeldscherm uit de buurt.
4. Stort je op de taak. Begin er gewoon aan en concentreer je volledig. Vergeet al het andere en laat de wereld verdwijnen. Wees enthousiast over je werk en geniet ervan. Maar wees gewaarschuwd: het kan zijn dat je de tijd vergeet en te laat komt voor je volgende afspraak – wat op zich al een reden is om zo min mogelijk afspraken te maken.

Weet wat je prioriteiten zijn

Als je een open planning hebt, hoe weet je dan waar je op een bepaald moment aan moet werken? Het antwoord is simpel: stel prioriteiten. Zie het vorige hoofdstuk over de belangrijkste taken – het komt erop neer dat je 's morgens eerst moet vaststellen wat je die dag wilt verwezenlijken. Schrijf drie dingen op die je die dag echt wilt doen. De drie belangrijkste dingen. Je kunt ook andere kleine dingen opschrijven die je gezamenlijk wilt doen (spaar die op voor later op de dag), maar de focus van je dag moet gericht zijn op de drie belangrijkste dingen. Laat je dag bepalen door deze drie dingen en niet door je agenda.

Wanneer je eenmaal je prioriteiten hebt gesteld, gaat het erom je te concentreren. Ik wil nogmaals benadrukken dat je je op slechts één ding tegelijk dient te richten. Om je drie belangrijke taken te volbrengen, moet je je stap voor stap op de afzonderlijke taken en de voltooiing daarvan concentreren. Dit is een nogal radicaal uitgangspunt voor de multitasker die in ons allemaal verborgen zit. Maar singletasking is niet alleen productiever, maar ook ontspannend.

Wanneer je gewend bent om van de ene klus naar de andere te switchen, zal het even duren voordat je gewend bent aan singletasking. Dat geeft niet. Stuur jezelf iedere keer dat je dreigt af te drijven met zachte hand terug naar je taak. Als je je daaraan houdt, zul je al snel met gemak je belangrijkste taken volbrengen.

Terwijl je aan je taak werkt, zul je soms aan dingen denken die je nog moet doet; je wordt onderbroken door een collega die een verzoek heeft of er komt plotseling een idee bij je op.

Je kunt je leven niet door deze ideeën en verzoeken laten bepalen. In plaats van iets anders te gaan doen, noteer je de andere taken en ideeën die bij je opkomen, zodat je er later nog eens naar kunt kijken. Leg een stuk papier of een notitieboekje op tafel of gebruik een tekstbestand op je computer (of iets waar je je drie belangrijkste taken hebt opgeschreven) en ga verder met de taak waar je mee bezig was. Wanneer je daarmee klaar bent, kun je weer naar je lijstje kijken om te bepalen wat je volgende taak wordt.

Reduceer het aantal taken waar je aan werkt

Hoe minder taken je hebt, hoe minder je hoeft te doen om ze goed te organiseren. Richt je alleen op die taken die je absoluut het meeste rendement op je investering zullen geven; dan word je productiever, terwijl je minder hoeft te doen. Je hebt zo alleen de eenvoudigste hulpmiddelen en systemen nodig en je bent veel minder gestrest. Volgens mij is dat een win-winsituatie.

Mijn filosofie over taakmanagement is, net als over andere vormen van organiseren: eerst reduceren en dan organiseren. Wanneer je maar drie dingen hoeft te organiseren in plaats van twintig, hoef je niets meer te organiseren. Bij tijdmanagement betekent dit dat je het aantal dingen dat je moet doen beperkt. Je kunt taken annuleren, delegeren of uitstellen en proberen afspraken af te zeggen. Richt je altijd op vereenvoudigen, reduceren, elimineren. En concentreer je op wat echt belangrijk is. De rest is bijzaak.

Gecombineerde verwerking

Naast je drie belangrijkste taken zijn er iedere dag ook kleinere taken die je moet uitvoeren. Hierbij gaat het erom dat je 1) deze kleinere taken geen prioriteit laat krijgen boven je belangrijkste taken, en 2) dat je ze zo veel mogelijk gecombineerd doet om tijd te besparen. Computerprogrammeurs noemen dat *batch processing* of *batching* – je hebt een aantal vergelijkbare taken, die je achter elkaar uitvoert. Dat bespaart je de tijd die het kost om van taak naar taak te switchen. In plaats van over te schakelen van belangrijke taken naar telefoontjes, naar e-mails, naar vergaderingen, naar projecten en dan weer naar telefoontjes, doe je alle belangrijke taken eerst, dan alle telefoontjes achter elkaar, dan alle e-mails achter elkaar enzovoort.

Minder omschakelen betekent minder complicaties, minder verspilde tijd en een simpeler programma.

Schrijf deze gecombineerde taken op je actiepuntenlijstje, onder je drie belangrijkste taken. Je kunt de gecombineerde taken in verschillende categorieën onderbrengen (telefoontjes, e-mails enzovoort) of een apart lijstje met gecombineerde taken hanteren. Ik raad je wel aan om tot later op de dag te wachten voordat je deze gecombineerde taken uitvoert. Houd de ochtenden vrij voor je belangrijkste taken, werk ze weg en richt je er vervolgens op je gecombineerde taken zo snel mogelijk af te werken. Welk type taken leent zich voor samenvoeging? Hier volgt een aantal suggesties.

- Telefoontjes. In plaats van verspreid over de dag telefoongesprekken te voeren, maak je aantekeningen over de mensen die je moet bellen en bel je ze allemaal achter elkaar. Ik reserveer meestal een half uur voor telefoontjes, maar jouw behoeften kunnen anders zijn. Je kunt ook overwegen alleen gedurende een bepaalde tijd telefoontjes aan te nemen en wanneer je niet beschikbaar bent alles naar de voicemail door te sturen. Zo kun je je beter concentreren op je belangrijkste taken, omdat je niet iedere keer gestoord wordt als iemand de behoefte voelt om je te bellen.
- E-mails. Dit is voor de meeste mensen vandaag de dag een enorm probleem – e-mail is zo belangrijk geworden dat het voor we het weten ons leven kan bepalen. In het volgende hoofdstuk ga ik hier verder op in, maar het komt erop neer dat je je e-mails op bepaalde vooraf vastgestelde momenten van de dag controleert, groepeert en verwerkt. Ik stel voor dat je dat twee keer per dag doet, mogelijk om tien uur en om vier uur, wat voor jou maar het best werkt. Doe het niet 's ochtends aan het begin van je werkdag, want dan raak je zo verstrikt in je e-mails dat je je belangrijke taken op de lange baan schuift.
- Boodschappen. Doe al je boodschappen in één keer zodat je niet elke keer naar buiten hoeft, bijvoorbeeld aan het eind van de dag als je naar huis gaat, of spaar ze op voor een speciale boodschappendag.
- Papierwerk. Ik werk tegenwoordig vrijwel niet meer met papier en heb dus niet zo veel papieren meer liggen, maar voor de meeste kantoren is dat een luxe die

ze zich nog niet kunnen veroorloven. Als je veel vellen papier hebt die verwerkt, ingevuld of nagekeken moeten worden, doe dat dan allemaal achter elkaar en niet tussen de bedrijven door.

- **Inkomende post wegwerken.** Zoals je één of twee keer per dag je e-mails verwerkt, neem je ook de post in je postbakje door om te bepalen welk stuk welke actie vereist. Als je dit doet zodra er iets in je postbakje terechtkomt, laat je je dag erdoor bepalen. Stel in plaats daarvan een bepaald tijdstip vast waarop je je hele postbakje leegmaakt.
- **Vergaderingen.** Je hebt misschien geen zeggenschap over vergaderingen, maar mocht dat wel zo zijn, dan raad ik je aan om ze allemaal achter elkaar te houden, op een vastgesteld tijdstip en met een vastomlijnd doel en een tijdslimiet. Wanneer je besprekingen groepeert, houd je een groter deel van je werkdag beschikbaar voor je belangrijke taken. Vermijd vergaderingen als het kan helemaal – ze zijn vaak tijdverspilling.
- **Websites.** Als je ook maar een klein beetje op mij lijkt, dan zijn er bepaalde websites die je regelmatig bekijkt. In plaats van je belangrijke taken hiervoor te onderbreken, stel je een bepaalde tijd vast waarop je ze allemaal bekijkt.
- **Onderzoek.** Voor sommige beroepen moet je onderzoek doen of lezen ter voorbereiding op schrijfwerk. Doe dit zo mogelijk allemaal achter elkaar.
- **Onderhoud.** Er zijn kleine taken die we moeten doen bij wijze van onderhoud. Voor bloggers zoals ik betekent dat reacties bekijken, advertentiesystemen con-

troleren, HTML-codes nakijken enzovoort. Voor andere beroepen zijn er soms andere onderhoudstaken – niet je belangrijke projecten, maar kleine dingen die toch moeten gebeuren. Doe deze zo mogelijk allemaal na elkaar aan het eind van de dag.

Eenvoudige hulpmiddelen voor tijdmanagement

Tijdmanagement zou niet erg simpel zijn als je te veel of te gecompliceerde hulpmiddelen gebruikte om het systeem te beheren. Wanneer je je aan de eerder omschreven filosofie voor simpel tijdmanagement houdt, heb je niet veel hulpmiddelen nodig.

Eventueel kun je de volgende eenvoudige hulpmiddelen gebruiken.

- **Agenda.** Ik raad je aan de dingen zo eenvoudig mogelijk te houden en geen indrukwekkende organizer of een gecompliceerd computerprogramma te gebruiken. Wanneer je niet meer dan een paar afspraken hebt, kun je een eenvoudige wandkalender gebruiken – met simpele vakjes waar je per dag één of twee afspraken in kunt zetten. Als je andere dingen hebt die opgeschreven moeten worden, zoals het speelschema van je voetballende kinderen en oudergesprekken op school, dan kun je een online agenda gebruiken. Ik kan je de Google Calendar van harte aanbevelen, want hij is snel, gemakkelijk en vanaf iedere computer met internetaansluiting te raadplegen. De papieren kalender en de Google Calendar kun je ook gebruiken om jezelf aan dingen te herinneren.

- **Papieren notitieblok of tekstbestand.** Ik raad je aan een klein, simpel notitieblok te gebruiken, meer niet. Daarop kun je dingen die je te binnen schieten meteen opschrijven en je belangrijkste doelen, gegroepeerde taken voor die dag en je ene doel noteren. Wanneer je maar één hulpmiddel hebt, hoef je je er verder niet druk om te maken. Als je liever de computer gebruikt om je taken op te schrijven, raad ik je aan een eenvoudig tekstbestand te maken. Zelf werk ik als volgt: ik heb een eenvoudig tekstbestand met actiepunten, dat ik open klik wanneer ik een taak of een idee wil opschrijven. Boven in dit bestand staan mijn belangrijkste taken voor die dag; daaronder staan mijn gecombineerde taken en daaronder weer andere aantekeningen of ideeën die bij me opkomen. Ik werk dit bestand één keer per dag bij.

10

SIMPEL E-MAILBEHEER

E-mail is voor veel mensen onderdeel van hun standaardwerkwijze geworden. Een groot deel van ons leven speelt zich af in onze e-mailboxen, waar we alles doen, van persoonlijke communicatie met familie en vrienden tot de uitvoering van volledige werkprojecten.

Helaas is e-mail ons ook enigszins boven het hoofd gegroeid en weerhoudt het ons van de uitvoering van belangrijker taken; het dreigt soms ons leven over te nemen.

Er is een alternatief voor leven in je inbox. Beperk de tijd die je aan e-mails besteedt tot het minimum, transformeer je effectiviteit door grenzen te stellen en streef naar een lege inbox.

Dit is allemaal mogelijk door grenzen te stellen en te leren e-mails snel te verwerken met behulp van eenvoudige regels en gewoonten. Zo kun je je van de e-maildictatuur bevrijden en weer belangrijker dingen gaan doen, zoals aan je ene doel, je projectentop-drie of je belangrijkste taken werken.

De weg naar het e-mailwalhalla loopt via toepassing van de kracht van minder: vereenvoudig en stel grenzen. Je zult merken dat je meer controle over je e-mailgebruik krijgt.

Beperk het aantal inboxen dat je gebruikt

Op hoeveel verschillende manieren kom je aan je informatie? Sommige mensen gebruiken vijf e-mailadressen, SMS, voicemail, papieren documenten, gewone post, blog-plaatsingen en boodschappen op verschillende online diensten (MySpace, Facebook, Netscape en dergelijke). Die allemaal een soort inbox vormen waarvan de inhoud voortdurend moet worden bijgewerkt. Het is een doorlopend proces, maar het hoeft niet uitputtend of stressvol te zijn.

Je informatiebeheer terugbrengen tot een minder stressvol, beter beheersbaar niveau begint ermee dat je het aantal inboxen dat je gebruikt beperkt. Iedere plek waar je heen moet om boodschappen op te halen of binnenkomende informatie te lezen is een inbox, en hoe meer inboxen je hebt, hoe moeilijker het is om alles te beheren. Breng het aantal inboxen dat je hebt terug tot het minimale aantal dat je nodig hebt om goed te functioneren. Dat kun je als volgt doen:

1. **Maak een overzicht van alle manieren waarop je informatie ontvangt.** Het kan zijn dat je er eerst een paar vergeet, maar als die je later weer te binnen schieten, voeg je ze alsnog toe. Deze lijst moet zowel digitale als analoge informatie omvatten – papier en computer.

2. **Evalueer ze een voor een om te kijken of ze meerwaarde hebben.** Soms blijven we bepaalde inboxen controleren, ook als dat niets toevoegt aan ons leven. Dat is alleen maar extra werk. Heb je naast je pieper ook een mobiele telefoon, dan wordt het misschien tijd om de pieper weg te doen.

3. **Probeer inboxen te combineren of te elimineren.** Als iets geen meerwaarde heeft, probeer het dan uit je leven te bannen. Kijk of je een week zonder kunt. Kijk voor het overige of je de verschillende informatiestromen in één inbox kunt samenbrengen. Op hoeveel plekken in je huis worden bijvoorbeeld binnenkomende papieren opgeborgen? Zorg dat je thuis één plek hebt voor alle binnengekomen post, papieren van je werk en van school, telefoonnotities, computeruitdraaien, planningen en dergelijke. Heb je vier e-mailaccounts? Kijk of je ze allemaal naar één provider kunt omleiden. Krijg je voicemails van verschillende aanbieders? Probeer ze om te leiden naar één aanbieder of gebruik een internetservice om ze naar je e-mail-inbox te verplaatsen. Zorg dat je op je werk één inbox hebt voor alle binnenkomende papieren. Lees je veel blogs? Zet ze dan allemaal in een *free reader* in één enkele *stream,* zodat je geen vijfentwintig verschillende inboxen hoeft te controleren. Hoe minder inboxen je hebt, hoe beter. Streef, zo mogelijk, naar vier tot zeven inboxen; maar één of twee zou nog beter zijn.

Beperk de hoeveelheid tijd die je aan e-mails besteedt

Als je je hele dag besteedt aan het schrijven en beantwoorden van e-mails en het controleren van je inbox, zul je verder niet veel voor elkaar krijgen. Neem daarom de beslissing alleen op vooraf vastgestelde tijden je e-mail te controleren en kijk er de rest van de dag naar niet naar om – daardoor kun je aan belangrijker zaken werken. Ik raad je aan van tevoren te bepalen hoe vaak en op welke tijden je je e-mails controleert. Hier volgt een aantal tips.

- **Aantal keer per dag.** Hoeveel keer per dag je je e-mails leest is afhankelijk van het werk dat je doet. Als je het redt om je inbox slechts één keer per dag door te nemen, zou dat ideaal zijn. Je zou je werk maar één keer per dag hoeven te onderbreken – een zeer efficiënte manier om met je e-mails om te gaan. Maar voor de meeste mensen is twee keer per dag waarschijnlijk realistischer. Anderen, die vaker naar hun e-mails moeten kijken omdat hun opdrachten via de e-mail binnenkomen (als ze bijvoorbeeld te maken hebben met klantenservice), kunnen hun frequentie misschien beperken tot eenmaal per uur (misschien tien minuten aan het begin van ieder uur). Nog weer anderen komen misschien weg met minder dan één keer per dag – om de dag bijvoorbeeld – of misschien zelfs één keer per week. Als je tot deze groep behoort, profiteer daar dan van en beperk jezelf tot het absolute minimum.
- **De beste tijdstippen.** Ik heb ontdekt dat tien uur en vier uur goede tijdstippen zijn als je twee keer per dag je e-mails bekijkt. Zo weet je in de loop van de ochtend welke urgente e-mails je hebt en kun je de rest van je e-mails afwerken voordat je aan het eind van de dag naar huis gaat. Maar iedereen heeft een andere werkdag – kijk naar je werkgewoonten, je normale planning en je behoeften en beslis vervolgens welke tijden voor jou

het beste zijn. En houd je daar dan ook aan.

- **Niet meteen 's morgens vroeg.** Een algemene tip voor verbeterde productiviteit is om je werkdag niet te beginnen met het bekijken van je e-mails; daar zou je je echt aan moeten houden. Wanneer je 's morgens eerst je inbox controleert, wordt de rest van de dag bepaald door je e-mails en bepaal jij niet zelf wat je belangrijkste taak voor die dag is. Je neemt het risico dat je blijft hangen in je e-mails. Toch hebben veel mensen moeite met deze regel, omdat ze verslaafd zijn aan mailen. Hoewel het een veelvoorkomend probleem is, kan het wel worden opgelost. De eerste stap is dat je je bewuster wordt van je e-mailgedrag – sta er eens even bij stil en denk na voordat je daadwerkelijk je inbox opent. De volgende stap is om er een bewuste beslissing van te maken – vraag je af of je liever je e-mails wilt lezen of je dromen wilt verwezenlijken. Wanneer je je erop richt je belangrijkste projecten te volbrengen en je ene doel dichterbij te brengen, in plaats van je e-mails te controleren, ben je veel dichter bij de verwezenlijking van je dromen.
- **Zet je e-mailalarm af.** De meeste e-mailprogramma's geven een signaal (in de vorm van een geluid, een pop-up boodschap of een flikkerend icoontje) als er een nieuw e-mailbericht binnenkomt. Wanneer je een dergelijk systeem gebruikt, raad ik je dringend aan om het af te zetten. Het verstoort je werk en richt je aandacht op je mailbox op het moment dat willekeurig wie besluit je een e-mail te sturen, niet op het moment dat jou het best uitkomt. Zet dit waarschuwingssysteem af en

controleer je e-mail op het door jou bepaalde tijdstip. Zo komt er veel meer werk uit je handen.

- **Hoe houd je deze gewoonte vol?** Je kunt wel zeggen dat je je e-mail niet meer dan twee keer per dag moet controleren, maar dat is moeilijk vol te houden als steeds maar weer je e-mail controleren een ingesleten gewoonte is. Hoe houd je de gewoonte om je inbox minder te controleren dan wél vol? Je maakt het een week of twee tot je prioriteit en hangt een papier op met de tekst: 'Alleen om tien uur en om vier uur' (of welke tijdstippen je ook hebt vastgesteld om e-mails te controleren). Telkens als je jezelf erop betrapt dat je uit gewoonte je e-mailprogramma aanklikt, stop je daarmee. Je haalt diep adem en richt je weer op je werk. Als beloning krijg je meer werk af.

Beperk de stroom inkomende berichten

Een van de belangrijkste onderdelen van iedere e-mailstrategie is voorkomen dat er überhaupt onnodige e-mails je inbox binnenkomen. Hoewel ik honderden e-mails per dag ontvang, komen de meeste nooit in mijn inbox terecht. Ze gaan rechtstreeks naar de map 'spam' of naar de prullenbak. Het gaat erom alleen de essentiële e-mails te ontvangen, anders word je overspoeld.

Dit is een aantal essentiële manieren om je instroom van e-mails te beperken:

1. **Spam**. Ik raad je aan Gmail te gebruiken, omdat dat het best mogelijke spamfilter heeft. Ik krijg nul komma nul spam in mijn inbox. Dat is een enorme verbetering ten opzichte van mijn eerdere accounts bij Yahoo, Outlook en Hotmail, waar ik zelf tientallen e-mails als spam moest markeren.

2. **Meldingen**. Ik krijg vaak een melding van een van de vele online diensten waar ik gebruik van maak – van Amazon, WordPress, PayPal en dergelijke. Als ik zie dat mijn mailbox volloopt met dit soort meldingen, maak ik een filter (of een *rule* als je Mail.app of Outlook gebruikt), die ze automatisch in een aparte map zet en als 'lezen' of 'weggooien' markeert. Als ik wil, kan ik mijn PayPal-meldingen altijd raadplegen in de map 'betalingen', maar ze verstoppen nooit mijn inbox.

3. **Samenvoegen**. Ik krijg in de loop van de dag bepaalde e-mails die heel even mijn aandacht vragen (ieder zo'n tien tot vijftien seconden). Omdat ik deze e-mails wel ken, heb ik filters gemaakt die ze direct naar een *batch*-map sturen, waar ze eenmaal per dag worden verwerkt. Het afhandelen van de hele map duurt niet langer dan een paar minuten en ik hoef ze niet in mijn inbox tegen te komen.

4. **E-mails met flauwe grappen**. Wanneer je vrienden en familieleden hebt die je kettingmails en 'grappige' e-mails sturen, mail hen dan terug en laat hun weten dat je probeert de enorme hoeveelheid e-mails die je te ver-

werken krijgt in te perken en dat je waardeert dat ze aan je denken, maar dat je dit soort boodschappen liever niet ontvangt. Sommige mensen zullen beledigd zijn, maar daar komen ze wel overheen. Anderen zullen de e-mails blijven sturen. Ik los dit ook op met een filter die ze regelrecht in de prullenbak deponeert. Feitelijk staan ze op mijn zwarte lijst. Als ze me ooit een belangrijk mailtje sturen (wat maar zelden voorkomt), bellen ze me uiteindelijk om te vragen waarom ik niet heb geantwoord. Dan zeg ik dat hun e-mail waarschijnlijk in mijn spam-map is beland.

5. **Maak verwachtingen duidelijk en maak je beleid wereldkundig.** Voorkomen dat je e-mails krijgt, is een geweldige strategie om het aantal e-mails in je inbox te beperken. Vraag mensen om je bepaalde soorten e-mails niet te sturen en laat hun weten waar ze veel gevraagde informatie kunnen vinden. Aangezien de meeste mensen die me mailen mijn contactinformatie van mijn website halen, heb ik een aantal beleidslijnen op mijn site gezet die bedoeld zijn om de meest voorkomende e-mails voor te zijn. Als mensen zich aan mijn beleid houden, krijg ik heel weinig e-mails. Wanneer mensen mij bijvoorbeeld mailen in verband met een link, kunnen ze die link voor mij opslaan in een populaire bookmark-dienst. Suggesties, vragen en opmerkingen kunnen ze plaatsen op de pagina's die ik voor dat doel heb gemaakt. Ik ben ook van plan een Vragen & Antwoorden-pagina te maken waarop veelvoorkomende vragen en problemen worden behan-

deld. Dit ontslaat me van de noodzaak om op ieder afzonderlijk verzoek te reageren. Ik lees de opmerkingen en vragen wel, maar ik reageer alleen als ik er tijd voor heb. Mijn inbox heeft het tegenwoordig veel minder zwaar te verduren. Ook mensen die geen website hebben kunnen hun beleid en veelgestelde vragen en antwoorden publiceren door ze naar andere mensen te mailen, ze op het web te plaatsen of ze in de vorm van een memo naar collega's te sturen.

Verwerken en leegmaken

Nu er alleen nog essentiële e-mails in je inbox belanden is de vraag hoe je hem zo snel mogelijk leeg krijgt. Het lukt me meestal wel om mijn inbox in ongeveer twintig minuten door te werken. Dat kan voor jou anders zijn, afhankelijk van de vraag hoe vaardig je erin bent de gebruikte methoden toe te passen, het aantal e-mails dat je ontvangt en je concentratie. Maar met deze methoden moet je in staat zijn om je inbox in een mum van tijd leeg te maken.

1 **Tijdelijke map.** Wanneer je een erg volle inbox hebt (met honderden of duizenden berichten), kun je een tijdelijke map ('te verwerken') maken. Dan kun je ze later in ongeveer een half uur per keer verwerken totdat de map leeg is. Begin met een lege inbox en gebruik de volgende technieken om hem zo leeg mogelijk te houden.

2. **Hanteer een externe actielijst.** E-mails blijven vaak lang in je inbox hangen omdat er een bepaalde actie nodig is om ze te kunnen verwerken. In plaats van ze in je inbox te laten, die je zo eigenlijk als actielijst gebruikt, maak je een aantekening van de te ondernemen actie in je actiesysteem: een notitieblok, een online actieprogramma, een agenda – wat dan ook. Haal de taak uit je inbox. Maak zo nodig een verwijzing naar je inbox. Archiveer vervolgens de e-mail en je bent klaar. Zo raak je heel snel heel veel e-mails kwijt. Je moet de taak nog steeds uitvoeren, maar nu staat hij tenminste op een legitieme actielijst en raakt je inbox minder vol.

3. **Snel verwerken.** Werk zo e-mail voor e-mail je inbox door. Open een bericht en doe het direct weg. Je hebt de keuze tussen verwijderen, archiveren (om er later nog naar te kijken), snel beantwoorden (en de boodschap archiveren of verwijderen), op je actielijst zetten (en archiveren of verwijderen), de bijbehorende actie onmiddellijk uitvoeren (als het twee minuten of minder duurt – en daarna archiveren of verwijderen) of doorsturen (en archiveren of verwijderen). Na iedere actie wordt het betreffende bericht dus uiteindelijk gearchiveerd of verwijderd. Zorg dat het uit je inbox verdwijnt. Laat het daar niet rondslingeren. Doe het snel en ga vervolgens door naar het volgende bericht. Als je hier lang genoeg mee oefent, kun je in heel weinig tijd enkele tientallen boodschappen wegwerken.

4. **Gebruik de verwijdertoets.** We voelen ons vaak geroepen om op ieder bericht te reageren, maar dat is nergens voor nodig. Stel jezelf de vraag: 'Wat is het ergste wat me kan gebeuren als ik dit bericht verwijder?' Als het antwoord niet al te ernstig is, verwijder het dan en ga verder. Je kunt niet overal op reageren. Bepaal wat de belangrijkste berichten zijn en beantwoord die. Als je het aantal e-mails dat je daadwerkelijk beantwoordt of waar je actie op onderneemt beperkt, krijg je de belangrijkste dingen af, in minder tijd. Zo werkt de 80/20-regel.

5. **Afwerken totdat je klaar bent.** Als je je inbox opent, werk hem dan door totdat je klaar bent. Kijk niet naar een bericht om het vervolgens te laten staan. Haal het eruit en leeg die inbox. Maak hier een regel van. Sluit je inbox nooit af als er nog een bericht in staat. Je inbox moet helemaal leeg zijn.

Minder schrijven

Een andere manier om minder tijd aan e-mails te besteden en iedere e-mail die je verstuurt zo goed mogelijk te benutten, is korte maar krachtige berichten schrijven. Je hebt vastgesteld welke berichten je echt gaat beantwoorden... verpest het nu niet door op elk van die berichten te reageren met een ellenlange tekst. Ik beperk mezelf tot vijf zinnen per antwoord (maximaal; vaak zijn mijn antwoorden nog korter!). Dat dwingt me om beknopt te zijn en alleen de essentie van wat ik wil zeggen weer te geven. Het beperkt de tijd die ik kwijt ben aan het beantwoorden van e-mails.

Jouw limiet kan een andere zijn; misschien werkt maximaal zeven zinnen voor jou beter. Experimenteer een paar dagen met je limiet om zo de ideale lengte te vinden en probeer je daar vervolgens ook echt aan te houden. Het gaat om de begrenzing; die dwingt je om alleen de cruciale gedachten over te brengen en het beperkt de hoeveelheid tijd die je kwijt bent aan het schrijven van e-mails.

11

SIMPEL INTERNETGEBRUIK

Internet is niet alleen de plek waar veel mensen vandaag de dag hun informatie vandaan halen, velen wonen er zo ongeveer ook. We kopen er dingen, ontmoeten er mensen, we communiceren, spelen en werken er, verdoen er onze tijd of doen er onderzoek.

Omdat het zo veel functies heeft, is het niet verwonderlijk dat we internet op gaan om iets voor ons werk te doen en vervolgens afdwalen naar allerlei andere sites, waarbij we vaak een uur of twee verspillen zonder dat we het in de gaten hebben. Internet kan een zwart gat van productiviteit zijn; als we niet uitkijken, neemt het ons leven over. Pas de kracht van minder toe op je internetgebruik: stel grenzen en gebruik internet effectiever. Met beperking en eenvoud krijg je zowel op internet als daarbuiten meer gedaan.

Houd je gebruik bij

Ga de volgende uitdaging aan: houd drie dagen lang je internetgebruik bij. Gebruik een hulpmiddel als Toggl (http://

toggl.com), yaTimer (http://nbdtech.com/yaTimer/) of Tick (http://www.tickspot.com) om je internetgebruik bij te houden; dan krijg je een goed beeld van de manier waarop je je tijd doorbrengt.

De eerste stap helpt je bewuster te worden, en dat is een belangrijk onderdeel van het proces om je internetgebruik onder controle te krijgen. Om iets te kunnen vereenvoudigen, moet je eerst weten hoe het eruitziet. Het kan een verhelderende ervaring zijn – je brengt misschien wel meer tijd door met e-mailen, op bepaalde sites kijken of op internet surfen dan je denkt.

Wanneer je je internetgebruik eenmaal in kaart hebt gebracht, kun je gaan kijken welke sites voor jou tijdverspillers zijn: je brengt er veel tijd door, maar ze helpen je niet om je doelen te verwezenlijken. Dat zijn de sites die je moet vermijden.

Maak een plan

Na bewustwording komt bewustzijn. Je wilt je gebruik van internet natuurlijk bewust plannen en niet toegeven aan iedere impuls om zomaar wat rond te surfen; je wilt je niet gedachteloos laten meeslepen. Bewust gebruik betekent dat je grenzen stelt en internet voor specifieke doeleinden gebruikt. Dat betekent niet dat je internet niet voor de lol kunt gebruiken, of om zomaar wat te surfen, maar je moet het wel bewust doen – als je aan het werk bent, wees dan aan het werk en als je tijd hebt om te spelen, sta jezelf dan toe om te spelen.

Jouw internetplan zal anders zijn dan het mijne; het is sterk afhankelijk van je behoeften, maar er is wel een aantal dingen die je in overweging kunt nemen.

- Wat zijn je werkelijke behoeften? Welke vormen van internetgebruik zijn cruciaal voor je werk? Wanneer gebruik je deze sites en hoe vaak?
- Wat zijn je favoriete recreatieve sites? Je kunt ze best gebruiken, maar beperk de tijd die je hiervoor uittrekt. Gebruik ze als beloning voor het werk dat je gedaan hebt.
- Wanneer moet je serieus, ongestoord kunnen werken en wanneer kun je het je veroorloven om op internet te surfen en je te laten afleiden?

Ik stel voor dat je bepaalde delen van je dag afbakent om ongestoord te komen werken (zonder internet), om communicatie, bijvoorbeeld via e-mail of instant messaging, te onderhouden en om onderzoek te doen en andere werkgerelateerde internetactiviteiten uit te voeren. Dit stelt je in staat om bewuster en slimmer met je internetgebruik om te gaan en om meer werk te verrichten.

Focus: werken terwijl je onbereikbaar bent

Een van de beste dingen die ik ooit heb gedaan om mijn productiviteit te vergroten is mijn internetverbinding uitzetten als ik geconcentreerd, ongestoord en serieus aan het werk wil. Terwijl ik dit boek schrijf, heb ik bijvoorbeeld mijn internetverbinding uitgeschakeld. Dit klinkt veel mensen, die gewend zijn om non-stop online te zijn, misschien wat drastisch in de oren, maar als je er eenmaal aan gewend bent is het eigenlijk heel ontspannend en prettig om uren achter elkaar geen verbinding te hebben.

Stel, je hebt je drie belangrijke taken (BT's) voor die dag vastgesteld en de eerste is een rapport, een essay of een artikel schrijven. Misschien moet je nog wat onderzoek doen op internet, dus je bepaalt een specifieke tijdsduur (zeg een half uur) en een specifiek doel (zoals alle relevante informatie over regenwouden ophalen). Als je klaar bent met je onderzoek, schakel je je internetverbinding uit en schrijf je je essay of je rapport.

Veel mensen hebben taken die onderzoek of communicatie via internet vereisen, maar waarvoor je bij het grootste deel van die taak, zoals schrijven, tekenen, redigeren of zelfs lezen, internet niet nodig hebt. Wanneer je deze taken uitvoert terwijl je online bent, gebeurt er om de paar minuten wel iets waardoor je afgeleid bent – je dacht plotseling aan een e-mail die je nog moest versturen, een boek dat je wilde opzoeken, of een nummer dat je wilde downloaden. Je staat voortdurend bloot aan de verleiding om even naar je favoriete site te gaan. Het valt niet mee om gefocust te blijven op je taak als het internet voortdurend aan je blijft trekken.

Als je je verbinding uitschakelt, laat je dit soort afleidingen naar de achtergrond verdwijnen. Het betekent dat je één taak te verrichten hebt en niet meer dan dat, en het betekent dat er veel meer werk uit je handen komt.

Een paar tips om te werken terwijl je internetverbinding uitgeschakeld is.

- Doe eerst je internetresearch, zodat je niet opnieuw verbinding hoeft te maken als je eenmaal met schrijven begonnen bent.
- Vermijd alle afleiding en schakel je internetverbinding uit, zodat je je op je specifieke taak kunt concentreren.
- Zet een wekker en probeer je gedurende een bepaalde tijd helemaal op je taak te richten.
- Als je iets te binnen schiet waarvoor je internet nodig hebt, schrijf dat dan op, zodat je het later kunt doen. Het loopt niet weg.
- Overweeg iedere dag een 'offline-uurtje' aan te houden waarin je werkt terwijl je niet online bent. Of probeer eens een 'offline-dag' als je denkt dat je dat aankunt.
- Trek zo nodig daadwerkelijk de stekker eruit om te voorkomen dat je met een paar muisklikken weer verbinding hebt.
- Als het echt nodig is, berg dan de kabel waarmee je met internet verbonden bent een uurtje op. Of ga naar een rustige plek met een laptop die geen draadloze internetverbinding heeft.
- Beloon jezelf voor het volbrengen van je taak door naar een site te gaan die je leuk vindt, maar doe dat pas als je klaar bent.

Je zult versteld staan van de hoeveelheid werk die er uit je handen komt.

Discipline: hoe houd je verleidingen op afstand?

Internet is voor veel mensen net zo'n verslaving als iedere andere, ook al realiseren ze zich dat niet. Dat betekent dat je het echt moeilijk kunt krijgen als je zonder internetverbinding probeert te werken – moeilijker dan je denkt. Als je echt verslaafd bent, wil je misschien niet eens overwegen om zonder verbinding te werken.

Net als bij iedere andere verslaving kan die drang om internet op te gaan worden bedwongen. Dit kost concentratie en energie, maar het kan. En dat gaat als volgt:

- Streef ernaar je verslaving ten minste een week lang te doorbreken. Een maand is nog beter, maar ik weet dat je ook nog andere dingen te doen hebt. Tijdens deze week is het doel jezelf te bevrijden van internet en zo nodig zonder internetverbinding te kunnen werken.
- Stel regels voor internetgebruik vast en houd je daaraan. Die regels kunnen luiden: 'Alleen om tien uur en om vier uur e-mails bekijken.' Of: 'Geen internet van negen tot tien uur.' Of: ''s Morgens geen internet.' Stel regels vast die optimaal zijn voor jouw werksituatie, en houd je daaraan.
- Als je de aandrang voelt om het internet op te gaan, laat die dan voorbijgaan. Iedere aandrang is als een golf: eerst wordt hij steeds sterker, maar dan verdwijnt hij weer. Dan komt er weer nieuwe aandrang, maar die zit je ook gewoon uit. Iedere golf van aandrang gaat weer over als je een paar minuten wacht.
- Zorg voor positieve sociale druk. Vraag familie, vrien-

den en collega's je aan te sporen om tijdens de door jou vastgestelde perioden weg te blijven van het internet. Vraag hun om je in de gaten te houden en breng elke dag verslag aan hen uit. Deze positieve sociale druk helpt je om je verslaving te doorbreken.

- Beloon jezelf. Wanneer je gedurende die vastgestelde perioden met succes van het internet af bent gebleven, geef je jezelf een kleine beloning, een traktatie, tijd om je e-mails te bekijken of wat het ook is dat jou motiveert.
- Gebruik vertragingsstrategieën die bij iedere verslaving helpen: zoals diep in- en uitademen, water drinken, zelfmassage of een stukje lopen. Als je een van deze dingen doet gaat de aandrang vanzelf voorbij.
- Geef het tijd. Je moet er even aan wennen. Maar hoe meer je oefent met offline zijn, hoe beter je erin wordt. Het is een geweldig gevoel.

12

SIMPEL ARCHIVEREN

Ik heb op verschillende kantoren gewerkt waar mensen stapels papieren op hun bureau hadden liggen. Ik heb collega's gehad die beweerden dat dit hun manier van organiseren was, en toch zag ik ze steeds weer al die stapels doorploegen op zoek naar papieren waarvan ze zeker wisten dat ze daar lagen. Ze besteedden zo veel tijd aan het zoeken dat je je afvraagt waarom ze niets beters konden bedenken.

Stapels maken kan voor sommige mensen prima werken, maar voor anderen is het gewoon chaos, die stress, hoofdpijn en tijdverspilling oplevert. Stapels maken komt er in wezen op neer dat je twee dingen achterwege laat:

1. Een eenvoudig systeem opzetten voor de organisatie van papierwerk.
2. De gewoonte ontwikkelen om dat systeem ook direct en routinematig te gebruiken.

Tegenwoordig is mijn bureau netjes en opgeruimd – helemaal zen. Het enige wat erop ligt zijn een telefoon, mijn iMac en een notitieboekje, want ik heb geleerd deze twee basisdingen in praktijk te brengen. Laten we ze eens een voor een bekijken.

Een simpel archiefsysteem opzetten

Voorwaarde voor een bruikbaar archiveringssysteem is dat je het simpel houdt. Als het systeem gecompliceerd of weinig praktisch is, zul je het na een tijdje niet meer gebruiken. Zo kun je je systeem opzetten.

1. **Eerst beperken, dan organiseren.** De eerste regel bij organiseren is dat je alles wegdoet wat overbodig is. Als je een uitpuilende hangmappenkast of stapels papier hebt die moeten worden gearchiveerd, duurt organiseren een eeuwigheid – en dan nog: hoe vind je ooit iets terug? Vereenvoudigen gaat als volgt.

   - Leg alles op een grote stapel. Als het niet allemaal op één stapel past, maak dan meerdere stapels maar beschouw die als voortzettingen van de eerste stapel. Als je rommelige mappen hebt, haal ze dan leeg en voeg de inhoud toe aan de stapel. Ik heb dit laatst met mijn privéarchief gedaan en dat heb ik zo met tweederde teruggebracht. Het duurde ongeveer een uur.
   - Loop de stapels een voor een door. Pak ieder document of iedere map op en besluit wat ermee gedaan moet worden. Als je denkt dat je iets de komende maanden niet nodig hebt, gooi het dan weg. Weg-

gooien is de standaardoptie (of in de papiervernietiger stoppen of recyclen). Doe zo veel mogelijk weg. Ik heb er nog nooit spijt van gehad dat ik een document heb weggegooid.

- Doorsturen. Als je iets niet kunt weggooien en als iemand anders het beter zou kunnen lezen of afhandelen, sluis het dan door naar die ander, zodat het van jouw bureau verdwijnt.
- Archiveren. Wanneer een document absoluut cruciaal is en je weet zeker dat je het nog nodig zult hebben, dan moet het worden gearchiveerd. Laten we eens kijken hoe je daarvoor een eenvoudig systeem kunt opzetten.

2. **Eenvoudig archiveren.** Het enige wat je nodig hebt is een eenvoudig alfabetisch archiefsysteem. Gebruik gewone hangmappen met etiketten (als je wilt, kun je ook een *label maker* kopen). Maak voor iedere klant, leverancier of project een dossier. Ik ben van mening dat de meeste mensen niet meer dan één hangmappenlade nodig hebben voor hun archief. Er zijn natuurlijk beroepen waarbij dat niet genoeg is, maar de gemiddelde werknemer of zelfstandige kan prima met één lade toe. Als je die limiet aanhoudt, dwing je jezelf om overbodige papieren weg te doen als de lade vol dreigt te raken. Denk er niet te veel over na. Maak gewoon een dossier en berg het op alfabetische volgorde op. Houd het simpel.

3. **Meteen archiveren.** De manier om je archiefsysteem actueel te houden is stukken direct te archiveren. Wanneer je je inbox leegmaakt en je komt iets tegen dat geen actie vereist maar dat je later misschien nog nodig hebt, leg het dan niet op een stapel om later te archiveren. Leg het niet in een bakje 'archiveren', stop het niet in een map 'diversen'.

   Trek gewoon je hangmappenlade open (zorg dat je die bij de hand hebt), haal de desbetreffende map eruit, stop het document erin en doe de lade weer dicht. Dat duurt ongeveer vijf seconden. Als je het niet meteen doet, stapelt het zich op, en stapelen werkt gewoon niet. Stapels worden alleen maar hoger en ontzagwekkender; voordat je het weet heb je een enorme stapel die je niet zomaar even kunt doorkijken. Dan kun je niets meer vinden en heb je eigenlijk geen archiefsysteem meer. Ik weet dat mensen denken dat hun stapels geordend zijn en dat er systeem in zit, maar stapels zijn inefficiënt (als het tenminste om papieren gaat waar je niet aan werkt), omdat je voortdurend opnieuw moet bepalen welke stapel waarvoor dient en welke papieren op welke stapel liggen. Wanneer je een bepaald stuk nodig hebt, ben je veel tijd kwijt met zoeken. Bovendien ligt je bureau vol en leidt het je af van je eigenlijke werk.

4. **Zorg dat je je archiveerbenodigdheden bij de hand hebt.** Leg een flinke voorraad hangmappen en etiketten aan. Als een document gearchiveerd moet worden, maar er is nog geen dossier voor en je hebt de benodigde spullen niet bij de hand, dan schuif je het voor je uit. Je hebt

geen zin om iedere keer dat je iets moet archiveren op te staan om een hangmap en een etiket te pakken, dus wordt het uitgesteld. En zo krijg je stapels. Zorg daarom dat je dit soort benodigdheden in een lade bewaart waar je gemakkelijk bij kunt. Wanneer je een nieuw dossier moet maken, plak je er gewoon een etiket op, je stopt het document erin en bergt het alfabetisch op.

5. **Beperk je archiveerbehoefte.** Het afgelopen jaar heb ik mijn archiveerbehoefte bewust beperkt, zodat ik mijn hangmappenlade nauwelijks nog gebruik. Zo één keer per week trek ik de lade open om een dossier te bekijken, maar ik archiveer veel minder documenten dan vroeger. Ik raad je aan om hetzelfde te doen en langzaam maar zeker je archiveerbehoefte te beperken. Hierbij kun je gebruik maken van de volgende tips.

   - **Bewaar naslagwerken online.** Als ik nu iets moet opzoeken, toets ik een hotkey-combinatie in (ik gebruik AutoHotkey om websites en documenten te openen) en het betreffende document, met alle informatie die ik nodig heb, wordt geopend. Contactinformatie, begrotingsinformatie, ideeën, logs en nog veel meer staat allemaal online, dus heb ik geen papieren versies meer nodig en hoef ik ze niet te archiveren.
   - **Beperk de inkomende papierstroom.** Vraag mensen om stukken te e-mailen in plaats van ze te faxen of per post te sturen. Tegenwoordig wordt alles op de computer gemaakt; het versturen van *hard copy* is gedateerd. Dring aan op digitale stukken. Onder-

neem ook stappen om papieren versies van nieuwsbrieven, tijdschriften en andere regelmatig terugkerende publicaties tegen te houden.

- **Print dingen niet langer uit.** Veel mensen printen nog altijd iedere e-mail en ieder document dat ze ontvangen uit, zelfs de documenten die ze zelf maken. Maar dan heb je twee exemplaren van alles, je verspilt gewoon bomen, en dan moet je ook nog zowel de digitale als de papieren versie van je stukken archiveren. En het is veel gemakkelijker om digitale informatie op te zoeken als je die nodig hebt.
- **Analyseer andere documenten die je ontvangt.** Stel jezelf iedere keer dat je iets archiveert de vraag of je echt een papieren versie van het betreffende stuk nodig hebt. Is het ook online beschikbaar? Moet het echt naar jou gestuurd worden? Is het niet beter om het te scannen en digitaal op te slaan? Is het mogelijk op de een of andere manier onder de noodzaak om een bepaald document te archiveren uit te komen? En langzaam maar zeker reduceer je je behoefte aan al die binnenkomende papieren.

Tips voor papierwerk thuis

De vijf voorgaande stappen kunnen zowel op kantoor als thuis worden toegepast, maar er is een aantal tips specifiek voor het ordenen van al je persoonlijke papieren.

1. **Maak één centraal 'postkantoor' in je huis om post en ontvangen papieren te beheren.** Dit moet een postbakje bevatten voor alle binnengekomen papieren, een prullenbak (het belangrijkste gereedschap voor wie wil vereenvoudigen!), een klein archiefsysteem (een paar hangmappen in een lade is genoeg) en iets om enveloppen, postzegels, bankoverschrijvingen, pennen en dergelijke in te bewaren.

2. **Privépostbakje.** Alle binnengekomen post, schoolpapieren en andere stukken gaan regelrecht naar je postbakje. Leg ze niet in de keuken, op tafel of op een bureau neer. Leg ze op hun plaats: in het postbakje dus. Je kunt de post het best direct uit de envelop halen en de enveloppen en reclamefolders meteen weggooien – maar zelfs als je dat niet doet, leeg je in ieder geval alles in je postbakje.

3. **Betaal rekeningen meteen.** Terwijl je je post verwerkt, kun je rekeningen in een map doen, waarna je ze op een bepaalde datum betaalt (je kunt bijvoorbeeld twee data per maand of één dag per week aanhouden om rekeningen te betalen). Maar een andere mogelijkheid is dat je je rekeningen direct betaalt, zodra je klaar bent met het legen van je postbakje. Vul een overschrijfkaart in en stop die in een envelop die je de volgende dag in de brievenbus doet, of ga naar je computer en betaal de rekeningen online. Welke methode je ook gebruikt, de rekening is afgehandeld en je hoeft er niet meer naar om te kijken.

4. **Zet dingen op je actielijst of in je agenda.** Je kunt de taken, afspraken of planningen die in bepaalde papieren staan meteen op je actielijst of in je agenda zetten (ik gebruik Gcal). Ik zet zelfs alle voetbalwedstrijden van mijn kinderen, schoolevenementen en andere activiteiten in Gcal en archiveer vervolgens de schoolpapieren of schema's in een map 'schoolpapieren', zodat ik ze later weer kan terugvinden.

5. **Meteen archiveren.** Als je een rekening betaalt of actie onderneemt naar aanleiding van een brief of een document, moet je de rekening, de brief of het document meteen archiveren (tenzij je het kunt weggooien). Laat het niet op tafel liggen of op een stapel 'te archiveren', leg het ook niet terug in je postbakje. Archiveer het meteen. Zet een eenvoudig archiefsysteem op met archiefenveloppen, waar de naam van de debiteur op staat, samen met mappen voor andere belangrijke documenten, en gebruik een alfabetisch archiefsysteem, zodat je dingen direct kunt terugvinden. Houd altijd een stapel hangmappen en etiketten bij de hand (sommige mensen raden een handige label maker aan), zodat je snel een nieuwe map kunt maken als je die nodig hebt. De truc van archiveren is dat je het meteen doet en dat je zorgt dat dingen zich niet opstapelen.

Dat is alles. Papieren horen nergens anders thuis dan in je postbakje of in je archiefsysteem. Dat werkt simpel en efficiënt. Het gaat erom dat je er een gewoonte van maakt, die vervolgens routine wordt. Houd vaste tijdstippen per dag of per week aan om je postbakje te legen en je rekeningen te betalen. Met een eenvoudig systeem als dit maak je een einde aan rondslingerende papieren en de bijbehorende stress.

13

SIMPELE VERPLICHTINGEN

Als er één ding is dat enorme gevolgen kan hebben in termen van productiviteit, effectiviteit en het scheppen van ruimte om de dingen te doen die je graag wilt doen, dan is dat wel het beperken van het aantal verplichtingen dat je hebt. En daar kun je vandaag al mee beginnen.

Door deze ene verandering kun je tijd vrijmaken om je te concentreren op het belangrijkste werk en kun je de dingen bereiken die je wilt bereiken. Met die ene simpele verandering kun je tijd maken om je aan je passie te wijden. Deze kleine verandering in je leven kan je de tijd geven om te sporten, te lezen, rust te vinden en tijd met je naasten door te brengen. Ik zal er geen doekjes om winden: het is niet gemakkelijk het aantal verplichtingen dat je hebt terug te dringen. Het vraagt doorzettingsvermogen, de bereidheid om 'nee' te zeggen en soms vraagt het ook tijd. Maar het betaalt zichzelf de rest van je leven op heel veel manieren terug.

Wat verplichtingen van je vragen

De levens van de meeste mensen zijn afgeladen met verplichtingen. We hebben diverse werkverplichtingen – naast de kerntaken van onze functie, die al een overvloed aan verplichtingen inhoudt, zitten we vaak ook in allerlei commissies, moeten we verschillende bijeenkomsten bijwonen, hebben we verplichtingen ten aanzien van verschillende projecten, moeten we naar congressen en cursussen, hebben we regelmatig afspraken met klanten, zitten we in besturen die verband houden met onze branche.

Dan hebben we vaak nog maatschappelijke verplichtingen, familieverplichtingen, hobby's, dingen die we thuis doen, online verplichtingen, religieuze verplichtingen, bijbaantjes, sport, lichaamsbeweging, verplichtingen in het kader van andere maatschappelijke verbanden en dergelijke.

Je kunt op al deze gebieden verplichtingen hebben en het is soms jongleren om ze allemaal na te komen, totdat je geen vrije tijd meer overhebt en je uitgeput raakt door alle tijd en energie die deze verplichtingen vragen. Telkens weer als iemand iets van je vraagt en je gaat daarop in, ga je een verplichting aan die een deel van je leven opslokt.

Het wonderlijke is dat er nooit een moment geweest is waarop we hebben besloten dit allemaal te doen. Een voor een worden deze verplichtingen aan ons leven toegevoegd en op zich lijken ze geen van alle erg veel tijd te vragen. Zitting nemen in een bestuur en één keer per maand vergaderen? Waarom niet? Iederéén heeft wel tijd om één keer per maand een uurtje te vergaderen.

Maar alles bij elkaar vormen deze verplichtingen een zware last die uiteindelijk je hele leven kan opslokken; je hebt je leven niet langer in eigen hand. Breng het aantal verplichtingen dat je hebt een voor een terug, zodat je tijd krijgt voor de dingen die belangrijk voor je zijn.

Inventariseer je verplichtingen

Om iets te doen aan het aantal verplichtingen dat je hebt, zul je ze eerst moeten inventariseren, zodat je weet wat er op je bordje ligt. Inventariseer de verplichtingen die je op dit moment hebt. Dat kunnen de volgende zijn (maar jij hebt misschien weer andere).

- Werk: We hebben verschillende verplichtingen op ons werk. Schrijf ze allemaal op.
- Bijbaantjes: Sommige mensen freelancen of hebben bijbaantjes om extra geld te verdienen. Meer verplichtingen dus.
- Familie: We spelen de rol van echtgeno(o)t(e), vader, moeder, zoon of dochter. Deze rollen gaan gepaard met veel verplichtingen.
- Kinderen: Mijn kinderen hebben aan voetbal gedaan, in een koor gezongen, gebasketbald, gitaarles gehad en aan allerlei buitenschoolse activiteiten deelgenomen. Iedere verplichting van je kinderen is ook een verplichting voor jou.
- Vrijwilligerswerk: Je kunt vrijwilligerswerk doen voor allerlei organisaties, zitting hebben in besturen of voor een non-profitorganisatie werken.

- **Kerk:** Sommige mensen zijn betrokken bij religieuze activiteiten of maken deel uit van religieuze organisaties. Misschien ben je de verplichting aangegaan om één keer per week naar de kerk te gaan.
- **Hobby's:** Misschien doe je aan hardlopen of aan fietsen, ben je een modelbouwer of ben je lid van een geheime underground stripboekenclub. Dit brengt allemaal verplichtingen met zich mee.
- **Huis:** Naast de gebruikelijke familieverplichtingen zijn er ook (andere) dingen die je thuis moet doen.
- **Forum:** Misschien ben je vaste bezoeker van een forum, een mailinglist of een Google-groep. Dit zijn online community's die ook verplichtingen met zich meebrengen.

Misschien heb je zelf nog andere categorieën. Schrijf ze allemaal op. Hoe eerlijker en vollediger je lijst is, hoe beter.

Maak een shortlist

Kijk goed naar alles wat je hebt opgeschreven. Stel jezelf bij iedere activiteit de vragen: 'Wat voegt dit toe aan mijn leven? Hoe belangrijk is dit voor mij? Past het binnen mijn prioriteiten en waarden? Wat zou er gebeuren als ik dit liet schieten? Brengt dit mijn levensdoelen dichterbij?' Maak vervolgens een shortlist met de vier of vijf belangrijkste verplichtingen die je hebt. Wat doe je het liefst, welke dingen zijn voor jou het belangrijkst? Er kan van alles op je shortlist staan, maar zo ziet die van mij eruit:

1. Tijd met mijn vrouw en kinderen doorbrengen
2. Schrijven
3. Hardlopen
4. Lezen.

Dat is mijn hele lijst. Het vraagt enig zelfonderzoek om je lijst terug te brengen tot vier of vijf punten. Als je je shortlist hebt gemaakt, neem dan je lijst met verplichtingen nog eens door en beslis welke van deze verplichtingen op je shortlist passen en welke niet. De verplichtingen die zijn afgestemd op je shortlist zijn de essentiële verplichtingen. Stukken schrijven voor mijn blog, *Zen Habits*, is bijvoorbeeld een van mijn verplichtingen. Het valt onder mijn prioriteiten-shortlist – schrijven – en is naar mijn mening dus een essentiële verplichting.

Wat zijn jouw essentiële verplichtingen?

Elimineer alles wat niet essentieel is

Dit is cruciaal; het bespaart je veel tijd, vermindert stress en stelt je in staat om je te concentreren op de essentie. Heb je nooit genoeg tijd voor echt belangrijke projecten, voor je gezin of voor een grote passie in je leven? Dat gaat nu veranderen, als je alles verwijdert wat niet essentieel is en de vrijgekomen tijd aan de belangrijke zaken op je shortlist besteedt. Zo haal je de niet-essentiële verplichtingen van je shortlist.

1. **Begin met iets kleins.** Probeer niet alles tegelijk te schrappen. Wellicht staat er iets op je lijst wat je gemakkelijk kunt verwijderen. Dat is dan je eerste doel. Kijk uit naar de dingen die het minste rendement op je geïnvesteerde tijd en inspanning geven. Wat is het minst afgestemd op je waarden, prioriteiten en doelen. Schrap het en kijk of je zonder kunt.

2. **Bel of e-mail om je spijt te betuigen.** Leg uit dat je op dit moment te veel op je bordje hebt en dat je gewoon geen tijd meer hebt om aan de verplichting te voldoen. Verontschuldig je, maar wees standvastig en laat geen ruimte voor onderhandelen.

3. **Verwijder de verplichting uit je agenda** en vul de tijd die vrijkomt met iets van je shortlist. Gebruik die niet om televisie te kijken of iets dergelijks – benut je tijd goed.

4. **Herhaal dit proces,** een voor een, met de andere niet-essentiële verplichtingen, totdat je klaar bent. Probeer alle niet-essentiële verplichtingen van je lijst te verwijderen. Dit kan even duren, vooral als er verplichtingen op staan waarvoor vervanging of een andere oplossing moet worden gezocht. Maar houd niet op voordat je ze allemaal hebt weggestreept.

Iedere keer dat je een verplichting schrapt, kun je je schuldig voelen omdat anderen je aan die verplichting willen houden. Maar het is vaak ook een enorme opluchting die verplichting niet meer iedere dag, week of maand te hoeven nakomen. Het bespaart je veel tijd. Anderen zullen misschien teleurgesteld zijn, maar je moet denken aan wat voor jou belangrijk is, niet voor anderen. Als we ons voortdurend zouden verplichten aan wat anderen van ons willen, zouden we nooit meer tijd voor onszelf hebben.

Leer 'nee' te zeggen

Je lijst met verplichtingen is niet vanzelf zo lang geworden. Deze verplichtingen zijn een voor een in je leven gekomen omdat jij dat toeliet. Iemand deed je een verzoek en jij zei steeds weer 'ja'.

Nu je bezig bent je niet-essentiële verplichtingen te schrappen en tijd vrij te maken voor je shortlist, is het belangrijk dat je je lijst kort houdt door als het even kan geen nieuwe verplichtingen op je te nemen. Soms is een nieuwe verplichting aangaan positief, als het iets is wat je graag doet en als je er tijd voor maakt door iets te laten schieten wat je minder graag doet. Maar meestal vormen nieuwe verplichtingen gewoon een extra belasting en gaan ze ten koste van tijd en energie die je aan belangrijker of plezieriger zaken had kunnen besteden. Voorkom dat je nieuwe verplichtingen aangaat door 'nee' te leren zeggen op verzoeken die je krijgt. Deze verzoeken kruisen voortdurend je pad: thuis, op je werk, via de telefoon of de e-mail of als je iemand tegenkomt in de supermarkt. Leer ze als zodanig te herkennen en leer ze af te wijzen.

Dit is erg moeilijk voor mensen die zich snel verplicht

voelen om 'ja' te zeggen, die het lastig vinden om anderen af te wijzen, die denken dat ze geen goede reden hebben om 'nee' te zeggen tegen een eenvoudig verzoek van een vriend, een collega of een naaste die iets van je wil. Maar je hebt een heel goede reden om 'nee' te zeggen – een geweldige reden zelfs: je tijd is beperkt, en kostbaar.

Je denkt misschien dat je alle tijd van de wereld hebt en dat een verplichting die maar een uurtje kost niet zo veel uitmaakt. Maar de meeste mensen hebben maar een paar uur vrij per dag, als je slapen, je aankleden, eten, forenzen, werk en andere bezigheden ook meetelt. Bescherm je tijd – het is je kostbaarste grondstof. Bewaak die met je leven. Voor wie het moeilijk vindt om 'nee' te zeggen, volgt hier een aantal tips.

- **Wees waakzaam.** Leer verzoeken te herkennen voor wat ze zijn: aanslagen op je zeer beperkte tijd, die je liever besteedt aan de dingen die belangrijk voor je zijn.
- **Kijk naar je shortlist.** Is het verzoek in overeenstemming met de vier of vijf prioriteiten die op je shortlist staan? Zo niet, dan is de verplichting niet essentieel. Laat hem niet in je leven toe.
- **Wees eerlijk.** Zeg tegen de betrokkene dat je het aantal verplichtingen in je leven wilt terugbrengen omdat het er te veel zijn. Zeg dat je probeert te focussen en dat je momenteel geen nieuwe verplichtingen kunt aangaan. Waarschijnlijk zal hij het wel begrijpen. Zo niet, dan weet je dat je in ieder geval doet wat voor jou het best is.
- **Wees standvastig.** Zeg: 'Het kan nu gewoon niet', en maak duidelijk dat je niet openstaat voor onderhande-

lingen en dat je je niet laat overhalen. Als je niet duidelijk genoeg bent, kan het zijn dat de ander je onder druk zet totdat je zwicht.

- **Ik zou willen dat ik het kon doen.** Vaak zeg ik eerlijk tegen degene die me iets vraagt: 'Ik zou echt willen dat ik het kon doen, maar ik heb er nu gewoon geen tijd voor.' Hiermee erken je het verzoek van de ander, maar het maakt ook duidelijk dat je de verplichting niet op je kunt nemen.
- **Heb geen spijt.** Maak je niet druk; ook als de ander volhoudt dat jij onmisbaar bent voor dit project vindt hij of zij wel iemand anders die het kan doen. Er is nog nooit iets mislukt omdat één iemand een verzoek heeft afgeslagen – als de noodzaak groot genoeg is, is er wel iemand anders die eraan voldoet. Hoewel het verleidelijk is om je schuldig te voelen omdat je iets belangrijks hebt verpest voor iemand om wie je geeft, is dat nergens voor nodig. Die ander krijgt het ook zonder jou wel voor elkaar.

Tijd maken voor wat je graag doet

De concepten die je gebruikt om het aantal verplichtingen in je werksituatie te verminderen, kun je ook gebruiken om tijd te maken voor de dingen die je graag doet en de mensen met wie je graag tijd doorbrengt in je privéleven.

Hoe kun je een leven creëren waarin je tijd hebt om alles te doen wat je graag zou willen doen? Waarin je ook buiten werktijd op een plezierige en ontspannen manier kunt leven? Het ziet er tamelijk eenvoudig uit, hoewel het soms moeite kost om een dergelijk plan te implementeren.

1. Maak eerst een lijst van de dingen die je echt wilt doen, de dingen waar je van houdt en waar je je kostbare tijd aan wilt besteden. Probeer deze lijst in te korten tot vier of vijf punten – dit is je shortlist, de dingen die het belangrijkst voor je zijn.
2. Elimineer andere dingen zo veel mogelijk uit je privéleven.
3. Deel je vrije tijd zo in dat je die dingen doet die op je shortlist staan.

Zo simpel is het echt. Toen ik besloot dat ik meer tijd met mijn gezin wilde doorbrengen, was het gewoon een kwestie van daar prioriteit aan geven. Ik sloeg uitnodigingen voor sociale activiteiten af, zei 'nee' tegen vrienden die uit wilden en annuleerde eerder gemaakte afspraken – gewoon omdat dit niet zo veel prioriteit had als tijd doorbrengen met mijn gezin.

Toen ik besloot een marathon te gaan lopen, betekende dat dat ik heel vroeg op moest om te kunnen gaan trainen voordat ik de kinderen naar school hielp en naar mijn werk ging. Vroeger opstaan betekende vroeger naar bed, en dat betekende minder televisiekijken. Dat was geen probleem, want hardlopen was belangrijker voor me dan televisiekijken. Ik zei mijn kabelabonnement op.

Toen ik besloot dit boek te gaan schrijven, moest ik het aantal werkprojecten dat ik onder mijn hoede had terugbrengen, omdat die minder belangrijk waren. Ik maakte er tijd voor en besteedde die tijd aan schrijven. Wanneer je met jezelf afspreekt tijd te maken voor de dingen die je echt graag doet door te stoppen met dingen die minder prioriteit hebben, kun je voor jezelf het leven creëren dat je graag wilt. Je hoeft je alleen maar aan je shortlist te houden.

Tips om je privéleven te versimpelen

Hoewel je om een simpel leven te creëren alleen maar de drie stappen hoeft te zetten die ik hier heb beschreven, kunnen onderstaande tips ook van pas komen. Ik stel voor dat je er een weekend voor uittrekt om deze zaken te onderzoeken, te bedenken hoe je je leven wilt vereenvoudigen en om te beginnen de benodigde veranderingen in je planning door te voeren.

- **Wat belangrijk is.** Maak pas op de plaats en denk na over wat voor jou belangrijk is. Wat wil je echt doen, waar wil je je tijd aan besteden, wat wil je met je werk bereiken? Maak een shortlist van vier of vijf dingen die je heel graag doet.
- **Inventariseer je verplichtingen.** Onze levens zitten veel te vol met van alles en nog wat. Dat is een groot probleem. We kunnen onmogelijk alles doen wat we op ons hebben genomen, en als we het toch doen, kunnen we er zeker niet van genieten. Accepteer dat je niet alles kunt, besef dat je wilt doen wat belangrijk voor je is en probeer de verplichtingen die minder belangrijk zijn te schrappen.

- **Doe minder in een dag.** Plan je dagen niet helemaal vol, anders loop je de hele dag achter jezelf aan. Als je normaal gesproken (tevergeefs) probeert om in één dag zeven à tien verschillende dingen te doen, doe er dan nu niet meer dan drie (en nog drie kleine klusjes als je klaar bent met die eerste drie). Dit geeft je de tijd om te doen wat je moet doen, zonder je te haasten.
- **Laat tijd open tussen taken en afspraken.** Een andere veel voorkomende fout is dat mensen proberen afspraken naadloos op elkaar te laten aansluiten. Zo heb je geen buffer als iets langer duurt dan verwacht (en dat gebeurt altijd) en heb je bovendien de hele dag een opgejaagd en gestrest gevoel. Reserveer in plaats daarvan ruim voldoende tijd tussen afspraken en taken, zodat je beter kunt focussen en tijd hebt om over te schakelen.
- **Schrap zo veel mogelijk van je actielijst.** Je kunt niet alles doen wat op je lijst staat. En al kon je het wel, dan zouden er zo weer nieuwe dingen bij komen. Breng je actielijst zo veel mogelijk terug tot essentiële zaken. Dan zul je je minder gehaast voelen en je beter kunnen concentreren op wat echt belangrijk is.
- **Doe rustig aan en geniet van iedere taak.** Dit is de belangrijkste tip uit het rijtje. Lees hem straks nog een keer. Wat je ook doet, of je nu aan het werk bent, een douche neemt, je tanden poetst, eten kookt of naar je werk rijdt, doe het rustig aan en probeer te genieten van wat je doet. Probeer er aandacht aan te besteden, in plaats van aan andere dingen te denken. Leef in het hier en nu. Het is niet gemakkelijk, je zult het vaak vergeten. Maar zoek een manier om jezelf er steeds weer aan te

herinneren. Tenzij de taak gepaard gaat met fysieke pijn, is er niets waar je geen plezier aan kunt beleven, mits je het met aandacht doet.

- **Singletasken.** Eén ding tegelijk doen is voor mij een soort mantra geworden. Doe één ding tegelijk en doe het goed.
- **Maak een einde aan stress.** Ga op zoek naar de stressfactoren in je leven en kijk hoe je daar vanaf kunt komen.
- **Maak tijd om alleen te zijn.** Behalve het rustiger aan doen en genieten van de dingen die je doet, is het ook belangrijk om tijd voor jezelf te hebben
- **Nietsdoen.** Soms is het goed om even niet te denken aan de dingen die je moet doen en gewoon niets te doen. Wees niet bang om af en toe lui te zijn.
- **Smeer kleine genoegens over de hele dag uit.** Weet wat je simpele genoegens zijn en zorg dat je er iedere dag een paar ervaart. Zo houd je het langer vol en maak je je leven plezieriger.
- **Oefen met in het hier en nu leven.** Je kunt ieder moment van de dag oefenen met in het hier en nu leven. Concentreer je gewoon op wat je op dat moment aan het doen bent, denk niet aan het verleden of de toekomst.
- **Maak tijd vrij.** Je leven vereenvoudigen is meestal een manier om tijd vrij te maken om de dingen te doen die je graag wilt doen. Helaas is het soms al moeilijk tijd te vinden om zelfs maar over het vereenvoudigen van je leven na te denken. Als dat zo is, reserveer dan ten minste een half uur per dag om over vereenvoudiging na te

denken. Als dat niet kan, maak dan een weekend vrij om erover na te denken. Hoe kun je een half uur per dag vrijmaken? Ik geef je een paar suggesties: eerder opstaan, minder tv-kijken, lunchen aan je bureau, een wandeling maken tijdens lunchtijd, je internetverbinding afsluiten, je e-mails vandaag maar één keer bekijken, je telefoon uitzetten, iedere dag één ding minder doen.

14

EEN SIMPELE DAGELIJKSE ROUTINE

Ik heb de afgelopen jaren de kracht van de simpele routine ontdekt, en dan vooral 's ochtends en 's avonds. Vaste rituelen kunnen je dag een impuls geven en tegelijkertijd een gevoel van rust en kalmte in je leven brengen.

Ik raad je dringend aan om eens goed naar de planning van je ochtenden en je avonden te kijken, want dit zijn twee cruciale dagdelen die je leven enorm kunnen veranderen. Je kunt dit hoofdstuk overslaan en toch heel veel aan dit boek hebben, maar je dagelijkse routines onder de loep nemen is zeker de moeite van het overwegen waard.

De kracht van een ochtendritueel

Een van de beste veranderingen in mijn leven is geweest dat ik een ochtendroutine heb ontwikkeld waar ik tevreden over ben. Ik heb er een gewoonte van gemaakt om wakker te worden als de meeste mensen nog in diepe slaap zijn, rond half vijf 's ochtends, om nog even van de stilte en het alleen-zijn te genieten. Dat heeft grote gevolgen gehad voor mijn leven.

Ik drink in alle rust een kop koffie en geniet van de stilte. Ik ga een stukje hardlopen, omdat dat goed is tegen de stress en omdat het een ideaal moment is voor bezinning. Bovendien gebruik ik deze rust voordat mijn gezin wakker wordt om iedere ochtend een stukje te schrijven en wat te lezen. Ik vind het heerlijk om weg te dromen bij een goed boek.

Nu is niet iedereen een ochtendmens. Maar daarom kun je nog wel een routine ontwikkelen die je een moment voor jezelf geeft en die rust en ontspanning creëert.

Ik raad je aan om je eigen rustgevende ritueel te creëren, als je dat nog niet hebt gedaan. Neem een paar weken de tijd om er een gewoonte van te maken, doe het iedere dag, en je kunt al snel niet meer zonder. Met een weloverwogen ochtendritueel

- kun je je voorbereiden op de dag die komen gaat en kun je je doelen bepalen
- kun je tijd besteden aan lichaamsbeweging, lezen, schrijven of andere dingen waar je normaal gesproken niet aan toekomt
- kun je iets plezierigs, rustgevends en ontspannends doen.

Er zijn meer dingen die je tijdens je ochtendroutine kunt doen, maar deze drie alleen al maken je vaste ritueel tot een krachtig instrument om je leven te transformeren.

Suggesties voor ochtendrituelen

Kies vier tot zes van de volgende suggesties voor je ochtendritueel – of voeg je eigen activiteiten toe. Dit zijn gewoon een paar ideetjes om je op gang te helpen. Denk erom dat je je ritueel simpel houdt. Als je meer dan zes dingen doet, wordt het te gehaast, of heb je niet genoeg tijd om alles te doen. Probeer je nieuwe routine een paar dagen uit en breng zo nodig aanpassingen aan. Soms verloopt de routine niet zoals je had gehoopt of duurt het langer dan je had verwacht. Dat geeft niet – pas hem gewoon waar nodig aan.

Een paar suggesties voor je ochtendritueel:

- Drink koffie of thee.
- Kijk naar de zonsopgang.
- Doe aan lichaamsbeweging.
- Neem een douche.
- Neem een bad.
- Lees.
- Ontbijt.
- Doe aan yoga.
- Ga mediteren.
- Ga wandelen in de natuur.
- Maak je lunch klaar.
- Schrijf.
- Houd een dagboek bij.
- Kies je drie belangrijkste taken (BT's) voor die dag.
- Evalueer je doelen.
- Houd een dankbaarheidssessie (sta even stil bij alles waar je dankbaar voor bent).

Zoals je ziet, staan je e-mails lezen en andere werkgerelateerde bezigheden niet op de lijst. Ik stel voor dat je tot na je ochtendritueel wacht om met dit soort dingen te beginnen, anders raak je misschien zo verstrikt in je e-mails dat je geen tijd meer overhoudt voor andere dingen.

Gebruik een avondritueel om de volgende dag een impuls te geven

De ochtenden zijn voor mij een heerlijk moment, maar de avonden zijn net zo aangenaam. Een rustgevend avondritueel, waarbij je je voorbereidt op de volgende dag, kan enorm van invloed zijn op je ochtenden.

Een avondritueel hoeft maar tien minuten tot een half uur te duren, maar kan ook een paar uur in beslag nemen, afhankelijk van je doelen. Een aantal veelvoorkomende doelen van avondrituelen is:

- je voorbereiden op de dag die komt
- ontspannen na een lange dag
- je dag evalueren
- je huis schoonhouden
- tot rust komen voordat je naar bed gaat
- *quality time* doorbrengen met je naasten
- schrijven, een dagboek bijhouden of aan lichaamsbeweging doen.

Suggesties voor avondrituelen

Selecteer vier tot zes van de volgende activiteiten voor je avondritueel, of voeg je eigen ideeën toe. En vergeet ook nu niet om het ritueel simpel te houden; probeer het een paar dagen uit en pas het zo nodig aan.

Suggesties voor je avondritueel.

- Maak het avondeten klaar.
- Ga eten.
- Neem een douche of bad.
- Poets en/of floss je tanden.
- Houd een dagboek bij.
- Schrijf.
- Lees.
- Doe aan lichaamsbeweging.
- Leg kleding klaar/maak lunch klaar voor morgen.
- Mediteer.
- Evalueer je dag.
- Geef jezelf een gezichtsbehandeling.
- Lees je kinderen voor.
- Maak je huis schoon.
- Praat met je partner.

Ook hier wordt je e-mails lezen niet genoemd, evenmin als andere werkgerelateerde activiteiten. Gebruik de avond als dat mogelijk is om te ontspannen en je voor te bereiden op de nieuwe dag.

Hoe voer je een nieuwe routine in?

Het klinkt gemakkelijk: even wat nieuwe rituelen invoeren, maar je raakt ze net zo gemakkelijk weer kwijt. Het gaat erom dat je ze tot een gewoonte maakt die standhoudt.

Dit zijn de belangrijkste stappen bij het invoeren van rituelen.

1. **Focus op je rituelen.** Roep je nieuwe ritueel uit tot het belangrijkste doel van de maand en concentreer je een maand lang alleen daarop. Als je te veel nieuwe gewoonten tegelijk probeert in te voeren, versnipper je je aandacht en wordt de kans op slagen kleiner.

2. **Zorg dat ze lonend zijn.** Als je een rustgevend ritueel invoert, is het ritueel zelf je beloning. Maak plezierige activiteiten onderdeel van je ochtendritueel, zodat je je dag goed begint en niet gehaast bent als je aan het werk gaat. Bereid je 's avonds rustig voor op de volgende dag, neem de dag die achter je ligt door en bouw wat rusttijd in. Dergelijke bevredigende rituelen maken dat je je erop verheugt om ze uit te voeren.

3. **Houd je voortgang bij.** Iedere dag verslag uitbrengen op een online forum is een geweldige manier om je voortgang bij te houden, maar je kunt ook een dagboek schrijven, op een andere manier verslag uitbrengen of gewoon een grote X op een kalender zetten. Het gaat erom dat je het bijhoudt en kunt zien hoe je het er in de loop van de maand van af hebt gebracht.

15

ORDE SCHEPPEN IN JE WERKRUIMTE

Een opgeruimd bureau stelt je in staat om je te concentreren op datgene waar je mee bezig bent.

We hebben eerder al gekeken naar een simpel systeem waarbij al je papieren op de juiste plaats terechtkomen. Maar wat doe je als je bureau al vol ligt met stapels papier – en niet alleen papier, maar ook prullaria, plaknotities, foto's, memo's, kantoorbenodigdheden en dergelijke? Hoe zorg je dat je bureau weer zichtbaar wordt onder de chaos? Waar moet je beginnen?

In dit hoofdstuk lees je hoe je een begin kunt maken met het opruimen van je bureau, want dat is hoogstwaarschijnlijk toch je belangrijkste werkruimte. We gebruiken hiervoor trouwens dezelfde methode die we later ook gebruiken om orde te scheppen op andere gebieden van je leven.

De voordelen van een opgeruimd bureau

Wat is er zo geweldig aan een opgeruimd bureau? Ik heb ervaren dat een leeg en opgeruimd bureau twee belangrijke voordelen heeft.

1. **Het stelt je in staat om je te concentreren.** Ik heb al eerder gesproken over het belang van focussen, van je bureau en je hoofd leegmaken, zodat je je kunt concentreren op datgene waar je mee bezig bent. Als je dat niet kunt, ben je minder effectief. En als je minder effectief bent, verspil je kostbare tijd. Een rommelig bureau ligt vol met visuele afleidingen – als je probeert je op een bepaalde taak te concentreren, maar je blik glijdt langs een stapel, een map of een notitie die je aan iets anders doet denken, verleg je je aandacht, al is het maar voor een paar seconden. Maar als er geen afleidende zaken op je bureau liggen, heb je niets anders om je op te concentreren dan het werk dat je moet doen.

2. **Het geeft je een zen-achtige rust.** Mijn opgeruimde bureau helpt me rust in mijn hoofd te scheppen. Te veel visuele drukte kan stressvol zijn, ook als je het niet beseft. Maar als je je bureau en je werkomgeving opgeruimd houdt, neemt de stress af.

Deze twee factoren zijn doorslaggevend voor bijna alles wat er in dit boek wordt beschreven. Het is dan ook zeker de moeite waard om het eens te proberen. En mocht je tot de conclusie komen dat dit niet jouw manier van werken is, dan kun je altijd weer terugkeren naar je oude systeem.

Hoe te beginnen?

Voor de meeste mensen zijn de eerste stappen het moeilijkst – als je bureau bedolven ligt onder reusachtige stapels (om nog maar te zwijgen van de inhoud van je laden) en er misschien ook elders dit soort stapels liggen, is dat buitengewoon ontmoedigend. Zo ontmoedigend zelfs dat je er niet eens aan wilt beginnen.

Maar áls je eenmaal begint, zul je waarschijnlijk tot de ontdekking komen dat het niet eens zo moeilijk is; sommige mensen (en ik ben er daar een van) vinden het zelfs leuk. De eerste stap is de moeilijkste – daarna wordt het alleen maar gemakkelijker. Zo maak je een begin:

1. **Reserveer wat tijd.** Je hoeft geen hele dag vrij te houden (maar als je wilt, kan dat natuurlijk wel). Een uur is mooi om mee te beginnen, maar als je het te druk hebt, is een half uur ook genoeg. Zet het voor vandaag in je agenda en stel het niet uit.

2. **Haal alle papieren van je bureau en leg ze op één grote stapel.** Daar komen we zo op terug.

3. **Haal verder ook alles van je bureau** behalve je computer, telefoon, postbakje en essentiële apparatuur. De rest gaat weg, althans voorlopig. Leg de spullen naast de stapel papieren.

4. **Begin met de stapel papieren.** Pak wat van de stapel en handel de papieren een voor een af. Maak geen sub-

stapels, sla geen enkel papier over, leg absoluut niets terug op de stapel. Doe met het papier wat ermee gedaan moet worden en ga vervolgens naar het volgende papier op de stapel. De opties zijn: weggooien, delegeren, archiveren of op een actiepuntenlijst zetten om later af te handelen. In die volgorde. Als je het niet kunt weggooien, delegeer of archiveer het dan, en anders zet je het op je actielijst.

5. **Werk zo lang mogelijk door** en rooster meteen opnieuw tijd in om een volgend deel (zo mogelijk alles wat er nog ligt) van de stapel papieren of andere spullen af te handelen.

Tot de essentie komen

Wanneer je de papierberg eenmaal hebt doorgewerkt en ook andere voorwerpen die op je bureau lagen hebt opgeruimd, wordt het tijd om jezelf de vraag te stellen: wat is essentieel?' Wat heb je echt nodig voor je werk? Wat gebruik je vaak en wat blokkeert je werkruimte en je bureauladen?

Begin met je bureaublad: wat heb je daar echt nodig? Dit zou louter een werkplek moeten zijn, met de spullen die je nodig hebt om het werk waar je op dat moment mee bezig bent te kunnen doen – geen dingen die je later nodig hebt. Voor de meeste mensen zijn de echt essentiële dingen een computer, een telefoon, een postbakje (alleen voor inkomende papieren) en misschien een schrijfblok en een pen, wanneer je, net als ik, vaak dingen bedenkt die nog moeten gebeuren. Buiten dat mogen er alleen papieren of mappen liggen die je nodig hebt voor het werk waar je mee bezig bent – en die, als je daarmee klaar bent, weer in een map gaan, die vervolgens in een lade wordt opgeborgen.

Hier volgt nog een aantal tips om je werkruimte terug te brengen tot de essentie.

- **Als je mappen of stapels papier op of rondom je bureau hebt liggen**, handel je die af en berg je ze op, zoals hiervoor omschreven – zet ze op je actielijst en archiveer ze.
- **Doe prullaria, posters, plaatjes en dergelijke, die de aandacht afleiden weg.** Een paar familiefoto's zijn prima, maar als je veel andere spullen hebt, leidt dat waarschijnlijk alleen maar af.
- **Haal alles tegelijk van een plank of uit een lade.** Richt je op één lade of plank tegelijk en maak die helemaal leeg. Maak vervolgens de plank of lade schoon. Neem de stapel papieren en zoek die uit (zie volgende tip); leg alleen terug wat je wilt bewaren. Vervolgens neem je de volgende plank of lade onder handen.
- **Neem de papieren uit de stapel een voor een door en neem snel beslissingen.** Houd een vuilniszak en een weggeefdoos bij de hand. Als je alles van een plank of uit een lade haalt, neem je de papieren een voor een door. Pak een document en neem een beslissing: weggooien, weggeven of bewaren. Leg het niet terug. Doe dit met de hele stapel; dan ben je al snel klaar. Wanneer je de stapel telkens weer opnieuw sorteert en in substapels onderverdeelt, komt het nooit af. Leg alleen terug

wat je wilt bewaren en doe dat netjes.

- **Wees onverbiddelijk met papieren die niet belangrijk zijn.** Tijdschriften, catalogi, reclamefolders, rekeningen die meer dan een jaar oud zijn, notities voor eigen gebruik, notities van anderen, oude werkpaperassen – doe ze weg! De enige uitzondering hierop zijn belastingpapieren en andere belangrijke stukken, zoals garantiebewijzen, geboorte- en huwelijksdocumenten, verzekeringspolissen enzovoort. Maar dat spreekt vanzelf. Al het andere gooi je gewoon weg.
- **Als er veel dingen zijn waar je besluiteloos over bent, maak dan een doos met het opschrift 'misschien'.** Als je het niet aandurft iets weg te gooien omdat je het mogelijk later nog nodig hebt, doe je het in deze doos. Plak er een sticker op en berg hem uit het zicht op (bijvoorbeeld in de garage of op zolder). Je zult die doos waarschijnlijk nooit meer openmaken. Als dat inderdaad zo is, haal je hem na een half jaar of een jaar weer tevoorschijn en gooi je de inhoud weg.

Sta even stil bij wat je gepresteerd hebt! Feliciteer jezelf met wat je gedaan hebt, hoe weinig dat ook is. Al ruim je maar één lade op. Trakteer jezelf op iets lekkers. Doe die lade (of kast, of wat het ook is) open en bewonder de eenvoud ervan. Haal diep adem en weet dat je iets goeds gedaan hebt. Koester deze nieuwe gemoedsrust.

Een systeem om alles opgeruimd te houden

Wanneer je de rommel op je werkplek tot een minimum hebt beperkt en een afleidingsvrije zone hebt gecreëerd, is het de uitdaging alles zo te houden. Als je terugvalt in je oude gewoonten, zal het niet lang duren voordat je bureau weer een rommeltje is (meestal duurt dat maar een paar dagen).

Ontwikkel daarom een simpel systeem en een paar cruciale gewoonten om het systeem te onderhouden. Hier volgt een aantal suggesties.

1. **Gebruik een postbakje voor binnenkomende papieren.** Zorg dat er niets op je bureau belandt – leg papieren altijd in het postbakje, ook notities en telefoonberichten.

2. **Maak één keer per dag je postbakje leeg** volgens het eerder in dit hoofdstuk beschreven systeem: weggooien, doorsturen, archiveren of een aantekening maken op je actielijst. Handel altijd alles wat in je bakje ligt af.

3. **Geef ieder voorwerp en iedere categorie documenten een vaste plek.** Zorg dat dingen zich niet opstapelen of ongeordend in laden belanden. Als je ergens klaar mee bent, leg het dan onmiddellijk op zijn plek. Concentreer je een week lang op deze drie gewoonten – papieren in je postbakje leggen, papieren afhandelen tot je bakje leeg is en dingen onmiddellijk opbergen waar ze horen – en je bureau zal opgeruimd blijven. Het duurt even voordat nieuwe gewoonten ingesleten

zijn. Je zult het soms vergeten. Herinner jezelf er dan aan en doe het alsnog. Al snel zullen je nieuwe gewoonten stevig verankerd zijn. En geloof me, als je eenmaal gewend bent aan een opgeruimd bureau, wil je niets anders meer.

Een van de dingen die mij veel rust in mijn leven geven is een schoon en overzichtelijk huis. Als ik 's morgens wakker word en ik loop mijn opgeruimde, minimalistische woonkamer in, waar geen troep rondslingert, dan begin ik mijn dag rustig en tevreden. Wanneer mijn woonkamer echter vol ligt met speelgoed, boeken en andere troep, dan is het meteen ook een chaos in mijn hoofd.

Ik ben nu al jaren bezig met opruimen en vereenvoudigen, en ik heb ontdekt dat een schoon, simpel huis, zonder troep, een enorm verschil maakt voor je gemoedstoestand, je productiviteit en je geluksgevoel. Heb jij een rommelig, ongeordend huis, dan gaan we nu kijken hoe je die rommel kunt overwinnen en de dingen zo simpel mogelijk kunt houden, of je nu alleen een paar probleemgebieden hebt of je huis één grote ontmoedigende rotzooi is.

Een overzichtelijk huis

Als je werkruimte op orde is, kun je je huis onder handen nemen. Ook hiervoor kun je de eerder omschreven methoden gebruiken. Dit zijn een paar voordelen van een opgeruimd huis.

1. **Het is minder stressvol.** Rommel is een vorm van visuele afleiding, en alles wat zich binnen ons gezichtsveld bevindt, trekt in ieder geval enigszins onze aandacht. Hoe minder rommel er is, hoe minder visuele stress we ondervinden. Een simpel huis is rustgevend.

2. **Aantrekkelijker.** Denk maar aan foto's van huizen waar het rommelig is vergeleken met foto's van huizen die eenvoud uitstralen. Huizen waar vrijwel niets in staat, behalve wat fraaie meubels, een paar mooie kunstwerken en een enkele aparte decoratie, zijn de huizen die ons het meest aanspreken. Je kunt je huis aantrekkelijker maken door rommel weg te doen.

3. **Gemakkelijker schoon te maken.** Het valt niet mee om allerlei prullaria schoon te houden en om allerlei meubelstukken heen te vegen of te stofzuigen. Hoe meer spullen je hebt, hoe meer je moet schoonmaken en hoe lastiger het is om eromheen te werken. Vergelijk het schoonmaken van een lege kamer maar eens met het schoonmaken van een kamer waar tientallen voorwerpen in staan. Dat is natuurlijk een extreem voorbeeld, want ik zou niemand aanraden om zijn kamer helemaal leeg te laten, maar het geeft wel aan hoe groot het verschil is. Zet dezelfde stappen die je hebt gezet om je werkplek op te ruimen om orde in je huis te scheppen, maar doe het kamer voor kamer, en richt je binnen die kamer op één lade of plank tegelijk. Haal alle spullen uit die lade of van die plank, sorteer alles grondig en bewaar alleen de essentiële dingen. Doe de rest weg.

Geef de spullen die je bewaart vervolgens een vaste plek. Reserveer elke dag wat tijd om op te ruimen – tien tot twintig minuten kan al genoeg zijn – en neem dan een klein gebied onder handen. Maar je kunt ook een heel weekend plannen om je hele huis in één keer op te ruimen.

Hoe houd je je huis overzichtelijk?

Wanneer je je huis op orde hebt, kun je gaan nadenken over een systeem dat voorkomt dat de rommel zich weer opstapelt. Al die papieren, boeken en kleren en al dat speelgoed lag er natuurlijk niet voor niets. Dat lag er omdat je geen systeem had om dingen op hun plaats te houden en dingen die je niet nodig had weg te doen. Het zal nooit helemaal ideaal zijn, maar als je eens goed kijkt naar de manier waarop je huis verslonst, kun je misschien manieren vinden om te voorkomen dat het opnieuw gebeurt. Dit is een aantal suggesties om te voorkomen dat er nieuwe rommel ontstaat.

- Geef alles een vaste plek en wees daar streng in. Wanneer je spullen op tafels of kasten of hangend over een stoelleuning aantreft, kan het zijn dat je voor deze spullen gewoon geen vaste plek hebt. Als dat zo is, zoek er dan meteen een plek voor. Wanneer spullen geen eigen plek hebben, moet je ze wegdoen; anders blijven ze voor altijd door je huis zwerven. Een ander probleem is mogelijk dat je er wel een vaste plek voor hebt, maar dat je vergeet je spullen daar op te bergen. Neem in dat geval een maand de tijd om de gewoonte aan te leren dingen meteen op te bergen waar ze horen. Het zal een groot verschil maken.

- Plan regelmatige opruimsessies. Zet ze in je agenda. Zelfs de netste mensen moeten af en toe opruimen. Wanneer je je huis hebt opgeruimd, voel je je misschien geweldig, maar je moet het wel onderhouden. Zet het in je agenda: één keer per maand, één keer per week of eens in de paar maanden. Experimenteer hiermee om te kijken welke frequentie voor jou goed werkt.
- Beperk je verlangen naar meer. Als er zo veel rommel je leven binnenkomt dat je het niet kunt hanteren, moet je misschien eens naar je koopgewoonten kijken. Koop je iedere week (of nog vaker) kleding, schoenen, boeken of andere hebbedingen? Koop je voortdurend spullen online? Zo ja, is dat dan uit absolute noodzaak of vind je het gewoon leuk om dingen te kopen? Het is belangrijk dat je eens naar deze verlangens kijkt; misschien moet je er iets aan doen. Inperking van je verlangens zal je strijd tegen de rommel aanzienlijk vergemakkelijken.
- Een 30-dagenlijst. Dit is de manier om de eerder omschreven verlangens te beheersen. Maak een lijst: iedere keer als je iets wilt kopen (afgezien van eerste levensbehoeften), schrijf je het op deze lijst met de datum erbij. Vervolgens sta je jezelf pas toe om het te kopen als het dertig dagen op je lijst staat. Het is goed mogelijk dat je verlangen naar dat object dan voorbij is. Het is een goede manier om impulsaankopen te voorkomen.
- Verander je gewoonten. Rommel komt niet uit de lucht

vallen. Welke gewoonten hebben ervoor gezorgd dat er rommel ontstond? Dat kunnen er vele zijn, waarvan we sommige al hebben genoemd: je koopt veel, je geeft dingen geen vaste plek, je bergt spullen niet op, je koopt wel spullen maar doet nooit iets weg... Of misschien heb je andere gewoonten die rommel veroorzaken. Als dat zo is, verander die gewoonten dan, een voor een. Neem een maand de tijd om je op je rommelgewoonte te concentreren en probeer een nieuwe gewoonte aan te leren waardoor de hoeveelheid rommel in je huis vermindert.

16

RUSTIG AAN

Tegenwoordig consumeren we informatie, voedsel en media in een tempo dat zelfs tweehonderd jaar geleden nog onvoorstelbaar was. Iedere minuut van onze dag is volgepland met boodschappen, taken en klussen; we rennen van hot naar her en gaan 's morgens gehaast de deur uit, om 's avonds na een lange dag uitgeput in bed te vallen.

Het probleem is dat we niet gemaakt zijn om op deze manier te functioneren. Ons lichaam en onze geest zijn gemaakt voor een langzamer levenstempo – we kunnen misschien de enorme stress van het achtervolgd worden door een roofdier wel aan, maar we kunnen niet omgaan met de stress van voortdurende overbelasting en een constant hectisch tempo. Als gevolg daarvan raken we overspannen en opgebrand, en worden we ongelukkig.

Als je leert langzamer te leven, zul je gelukkiger zijn. Je leven wordt simpeler en je wordt effectiever, wat minstens zo belangrijk is. Je leert niet meer te doen in minder tijd, maar je leert wel de juiste dingen te doen, en ze op een betere manier te doen. Deze simpele combinatie kan wonderbaarlijke gevolgen hebben voor je effectiviteit en voor wat je tot stand brengt. In de tussentijd ben je hoe dan ook beter af, wat je ook probeert te realiseren.

Langzame aandacht

Onze aandacht is misschien wel ons belangrijkste bezit. Datgene waar we onze aandacht op vestigen wordt onze realiteit. De projecten waar we ons op concentreren zijn de projecten die worden volbracht. Maar door onze jachtige levensstijl worden we alle kanten op getrokken. We verleggen onze aandacht van het een naar het ander en weer terug, en vervolgens weer op iets anders. Als gevolg hiervan krijgt niets voldoende aandacht.
Leer in plaats daarvan je aandacht te focussen en terughoudender, langzamer en meer ontspannen te zijn in het verleggen van je aandacht. Dan kun je dingen ook daadwerkelijk volbrengen. Je wordt opmerkzamer en minder gestrest. Zo kun je dat doen:

- **Begin met een eenvoudige taak.** Probeer je aandacht louter op deze ene taak te richten. Dit kan iets gemakkelijks zijn als eten, tuinieren, afwassen, strijken of koken. Wanneer je gedachten afdwalen, registreer dit dan. Als je je eenmaal bewuster bent geworden van de werking van je aandacht, probeer je jezelf telkens als je aandacht begint af te dwalen te corrigeren.
- **Oefen deze methode de hele dag door, wat je ook aan het doen bent.** Als je een douche neemt, concentreer je je op het douchen. Als je eet, concentreer je je op het

eten (zie het vervolg voor meer informatie). En als je aandacht afdwaalt, dan stop je even.

- **Wanneer je 's ochtends iets rustgevends wilt doen, probeer dan een eenvoudige meditatietechniek** (zonder chanting of iets dergelijks). Ga gewoon 's morgens vroeg ergens comfortabel zitten en sluit je ogen (val niet in slaap!). Richt je aandacht vervolgens op je ademhaling, wees je alleen maar bewust van je adem. Als je aandacht afdwaalt, registreer dit dan, erken dat er andere gedachten bij je opkomen en richt je aandacht weer op je ademhaling. Voel hoe je adem je lichaam binnenkomt en weer verlaat. Houd je aandacht zo lang mogelijk gevestigd op je ademhaling. Het vraagt oefening, maar je zult er beter in worden.

Langzaam werken

Op deze manier kan langzamer werken productiever zijn, al klinkt dat misschien tegenstrijdig. Wanneer je je op de belangrijke taken en projecten concentreert, kun je belangrijke dingen tot stand brengen. Aan de andere kant kan iemand als een bezetene twaalf uur per dag werken, maar aan zo veel verschillende dingen dat hij niets van enig belang presteert. Dat is niet louter theoretisch – veel mensen doen het voortdurend. Ze werken in hoog tempo en vragen zich af hoe het toch komt dat er niets uit hun handen komt. Ze multitasken, werken zo snel mogelijk en zijn voortdurend gestrest. Het is niet de meest effectieve manier van werken.

Probeer voor de verandering eens de volgende methode.

1. **Kies voor werk waar je van houdt.** Als je een taak vervelend vindt, valt het niet mee om je erin te verliezen. Wanneer je een hekel aan je werk hebt, moet je misschien overwegen een andere baan te zoeken. Of kijk of je binnen je huidige baan projecten kunt vinden die je wel leuk vindt. Maar wat je ook doet, zorg dat je gepassioneerd bent over de taak die je kiest.

2. **Kies een belangrijke taak.** Werk waar je van houdt kan gemakkelijk en onbelangrijk zijn, maar werk waar je van houdt kan ook langdurig effect hebben op je loopbaan en je leven. Kies voor dit laatste, want dat is een veel betere manier om je tijd te gebruiken.

3. **Zoek iets wat uitdagend is, maar niet te moeilijk.** Wanneer een taak te gemakkelijk is, komt er weinig denkwerk of inspanning bij kijken. Een taak moet uitdagend genoeg zijn om je volledige aandacht te vragen. Maar als hij te moeilijk is, kun je er niet in opgaan, omdat je je concentratie vooral gebruikt om te bedenken hoe je het moet aanpakken – of je raakt ontmoedigd. Soms moet je wat dingen uitproberen om taken te vinden die de juiste moeilijkheidsgraad hebben.

4. **Vind je rustige piekmoment.** Dit is feitelijk een combinatie van twee stappen. Eerst zul je een rustig tijdstip moeten vinden; anders kun je je überhaupt niet concentreren. Voor mij is dat 's morgens vroeg, voordat ik word opgeslokt door de dagelijkse beslommeringen. Het kan 's ochtends vroeg zijn, als je net wakker bent, of

aan het begin van je werkdag, als de meeste mensen nog niet binnen zijn of nog aan het opstarten zijn met een kop koffie. Je kunt ook je lunchtijd gebruiken, wanneer veel mensen naar buiten gaan. Voor andere mensen is de avond een goede tijd. Of, als je geluk hebt, kun je het op ieder tijdstip van de dag doen als je een rustig moment vindt. Welk tijdstip je ook kiest, het moet ook een piekmoment in je energiecurve zijn. Sommige mensen krijgen slaap na de lunch – dat is geen goed moment voor deze stap. Zoek een moment waarop je heel veel energie hebt en je goed kunt concentreren.

5. **Zorg dat er geen afleidingen zijn, en concentreer je.** Afgezien van een rustig moment en een rustige werkplek, moet je zorgen dat er ook verder geen afleidende factoren zijn. Dit betekent dat je storende muziek afzet (tenzij je muziek kunt vinden die je helpt om je te concentreren), telefoon, e-mail en IM-berichten uitschakelt en andere dingen die in je blikveld kunnen verschijnen of die geluid maken en je gedachten verstoren. Leer vervolgens je zo lang mogelijk op je taak te concentreren.

6. **Geniet ervan.** Opgaan in een taak is naar mijn mening iets wonderbaarlijks. Het geeft een geweldig gevoel om je volledig ergens in te storten, grote vooruitgang te boeken met een project of een belangrijke taak, en iets te doen waar je gepassioneerd over bent. Neem de tijd om van dit gevoel te genieten.

7. **Blijf oefenen.** Nogmaals: dit vraagt oefening. En dat geldt voor iedere stap: van een rustig piekmoment voor jezelf vinden tot afleiding vermijden en de juiste taak kiezen. Leer vooral om je aandacht lang bij je taak te houden. En probeer iedere keer dat het mis gaat van die ervaring te leren. Ook als het goed gaat trouwens – wat heb je goed gedaan? Hoe meer je oefent, hoe beter je wordt.

8. **Pluk er de vruchten van.** Afgezien van het plezier dat je ervaart op het moment dat je helemaal in je werk opgaat, zul je over de hele linie gelukkiger zijn met je werk. Je krijgt belangrijke dingen voor elkaar. Je krijgt vaker dingen afgerond, in plaats van telkens weer te beginnen, op te houden en opnieuw te beginnen. Dat is allemaal enorm lonend en bevredigend. Neem de tijd om hierbij stil te staan en blijf oefenen, iedere dag weer.

Langzaam eten

Veel mensen denderen de hele dag door, zonder ergens tijd voor te maken – en als ze tijd hebben om een hapje te eten, schrokken ze dat snel naar binnen. Dat is een ongezonde manier van leven.

Een eenvoudige, maar effectieve oplossing hiervoor is langzamer eten; we kunnen deze manier van leven meteen aanpakken. Hoe moeilijk is dat nou helemaal? Je neemt kleinere hapjes, je kauwt langer op iedere hap en je geniet langer van je maaltijd. Het kost per maaltijd een paar minuten meer, maar het kan verstrekkende gevolgen hebben. Dit zijn een paar goede redenen om langzamer te eten.

1. **Afvallen.** Een groeiend aantal onderzoeken bevestigt dat je minder calorieën binnenkrijgt als je langzamer eet – dat kan wel tien kilo per jaar schelen. De reden is dat het ongeveer twintig minuten duurt voordat onze hersenen registreren dat we voldaan zijn. Wanneer je snel eet, ga je door tot voorbij het punt waarop je voldaan bent. Als je langzaam eet, heb je tijd om te beseffen dat je genoeg hebt en kun je op tijd ophouden met eten. Ik zou je ook aanraden om gezonder te eten, maar als je wilt afvallen, zou je er zeker een gewoonte van moeten maken langzaam te eten.

2. **Van je eten genieten.** Deze reden is net zo belangrijk. Het valt niet mee om van je eten te genieten als het zó weg is. Ik denk dat het prima is om af en toe iets zondigs te eten, als je dat maar langzaam en in kleine hoeveelheden doet. Als je er even over nadenkt is het logisch, je wilt ongezonde dingen eten (toetjes, frituurwaren, pizza of iets dergelijks) omdat ze lekker zijn. Maar wat heeft het dan voor zin om ze snel naar binnen te werken? Wanneer je langzaam eet, krijg je dezelfde hoeveelheid smaak, maar een minder volle maag. Dat is een simpele rekensom, die werkt. Als je langzamer eet kun je bewust genieten van de smaak van lekker eten. Maak van je maaltijden een gastronomisch feest, niet iets wat je even snel tussen twee stressvolle bezigheden door doet.

3. **Betere spijsvertering.** Wanneer je langzamer eet, kauw je je eten beter en dat leidt weer tot een betere spijsvertering, die trouwens in de mond begint. Hoe meer werk je daar doet, hoe minder je maag hoeft te doen. Dit kan leiden tot minder spijsverteringsproblemen.

4. **Minder stress.** Langzaam en aandachtig eten kan een geweldige manier zijn om je aandacht te oefenen. Wees in het hier en nu, in plaats van gehaast je eten door te slikken terwijl je je afvraagt wat je straks nog allemaal moet doen. Als je eet, dan eet je. Deze vorm van aandachtig bezig zijn leidt volgens mij tot een minder stressvol leven en duurzaam geluk. Probeer het gewoon.

5. **Verzet je tegen een snelle hap en een snel leven.** Ons hectische, snelle, chaotische leven zet ons ertoe aan fastfood te eten. Door deze manier van leven worden we onmenselijker, ongezonder, gestrester en ongelukkiger. We haasten ons door de dag en doen gedachteloos het een na het ander, zonder de tijd te nemen om ons leven te leven, ervan te genieten, ons met elkaar bezig te houden, menselijk te zijn. Dat is naar mijn mening geen goede zaak. Verzet je tegen die hele manier van leven en de filosofie die eraan ten grondslag ligt, en doe dat met iets kleins als langzamer eten. Eet geen fastfood. Eet in een goed restaurant, of, beter nog: maak je eigen eten klaar en geniet daar met volle teugen van. Proef het leven zelf.

Langzaam rijden

Ik rijd tegenwoordig langzamer. Ik was namelijk nogal een maniak achter het stuur (vraag maar aan mijn vrouw). Met grote snelheid haalde ik voortdurend iedereen in. Ik raakte ook zwaar gefrustreerd als mensen langzaam reden en mij dwongen om ook gas terug te nemen, of als ze me afsneden. Autorijden was een stressvolle ervaring.

Maar nu niet meer. Tegenwoordig is rijden een rustige, serene ervaring, en ik beleef er veel meer plezier aan. Als ik om me heen kijk en andere bestuurders bezig zie, vraag ik me af of ze echt zo snel op hun bestemming moeten zijn en of ze wel gas terugnemen als ze daar aankomen. Ik vraag me af of het wel de moeite waard is om zo veel benzine te verbranden, je zo op te winden en zo veel levens op het spel te zetten. En dan denk ik aan andere dingen, omdat autorijden voor mij een moment van bezinning is geworden.

Ik kan langzamer rijden van harte aanbevelen – om allerlei redenen, maar een van de beste redenen is dat ik er een gelukkiger mens van ben geworden. Het is zo'n simpele stap, maar het maakt zo ontzettend veel verschil. Dit zijn vijf goede redenen om langzamer te rijden.

1 **Benzine besparen.** De beste manieren om benzine te besparen (behalve minder of in een zuiniger auto rijden) is de motor niet te veel stationair te laten draaien, geleidelijker gas te geven en gas terug te nemen en langzamer te rijden (zie het rapport hierover op edmunds.com). Met de huidige benzineprijzen is benzine verspillen door onnodig hard rijden iets wat we ons niet kunnen veroorloven.

2. **Levens redden.** Snel rijden kan mensen (onder wie de bestuurder zelf) het leven kosten. Twee cijfers: het verkeer is in de VS de belangrijkste doodsoorzaak voor twaalf- tot zestienjarigen. Verbazingwekkend genoeg loop je twee keer zo veel kans iemand die je aanrijdt te doden wanneer je 60 kilometer per uur rijdt als wanneer je 50 kilometer per uur rijdt. Sneller rijden geeft je een kortere reactietijd wanneer iets je pad kruist; zelfs een fractie van een seconde kan het verschil betekenen tussen leven en dood. Rijd langzamer, voor je eigen veiligheid en die van de mensen om je heen... vooral in de buurt van joggers, fietsers, scholen en woonwijken waar kinderen buiten spelen.

3. **Tijd winnen?** Hoewel je denkt dat je tijd wint door sneller te rijden, is dat maar ten dele waar. En de weinige tijd die je wint is, gezien de andere factoren op deze lijst, de moeite niet waard. Beter nog: vertrek een paar minuten eerder en je komt net zo laat aan als diegenen die sneller hebben gereden, maar later van huis zijn gegaan. Alleen minder gestrest.

4. **Geestelijk gezond blijven.** De bovenstaande drie redenen zijn erg belangrijk, maar voor mij is het opvallendste verschil de enorme afname van stress als ik autorijd. Rijden is geen krankzinnige ervaring meer, maar een plezierige, ontspannende bezigheid. Ik laat me niet langer gek maken op de weg, omdat het me niets meer kan schelen of andere bestuurders langzaam rijden of me de weg afsnijden.

5. **Je leven vereenvoudigen.** Dit houdt verband met het vorige punt, maar strekt wat verder. Behalve dat je minder stress ervaart, kan langzamer rijden ook de kans op andere complicaties verminderen – de ellende van aanrijdingen en boetes voor te hard rijden, maar ook de noodzaak vaak te tanken. Maar het kan ook ons hectische levenstempo vertragen. Waarom moeten we zo nodig door het leven heen denderen? Doe het wat rustiger aan en geniet meer van het moment. Als we altijd maar haast hebben om ergens te komen, wanneer komen we dan eindelijk op onze bestemming aan en kunnen we tevreden zijn? Het leven is een reis – maak er een mooie reis van.

Hier volgt een aantal tips voor langzaam rijden die mij hebben geholpen.

- **Speel ontspannende muziek.** Alles waar je rustig van wordt is goed.
- **Negeer andere bestuurders.** Dit was mijn grootste probleem. Ik maakte me zo druk over wat andere bestuurders deden dat ik daardoor gestrest raakte. Het zorgde ervoor dat ik harder ging rijden om medeweggebruikers te treiteren (vreselijk, ik weet het). Nu negeer ik ze gewoon.
- **Ga vroeger van huis.** Als je hard rijdt omdat je bang bent dat je te laat komt, maak er dan een gewoonte van om eerder van huis te gaan. Dan hoef je je geen zorgen te maken over te laat komen en kun je van de rit genieten.

- **Brainstorm.** Ik gebruik mijn tijd achter het stuur graag voor bezinning. Ik bedenk onderwerpen om over te schrijven, ik denk na over mijn dag (de dag die voor me ligt of de voorbije dag), ik denk na over mijn leven in het algemeen en waar ik naartoe wil.
- **Houd rechts.** Als je langzamer rijdt dan die andere gestreste automobilisten, is het verstandig om bij hen uit de buurt te blijven en goed rechts te houden. Hoewel ik andere bestuurders die zich aan mijn trage rijstijl zouden kunnen ergeren meestal negeer, is het goed om beleefd te blijven.
- **Geniet van de rit.** Bovenal: maak van het rijden een prettige ervaring – of dat nu is door middel van muziek, bezinning of iets anders waar je blij van wordt, onthoud dat de reis net zo belangrijk is als de bestemming.

17

SIMPELE GEZONDHEID

Het heeft veel voordelen om aan lichaamsbeweging te doen en fitter en gezonder te worden, maar een van de belangrijkste is wel dat je er energieker en productiever door wordt. Een goede work-out kan je bijvoorbeeld voor de rest van de dag energie geven en genoeg rust in je hoofd om een heleboel werk te verzetten. Maar hoewel veel mensen fitter willen worden en een gezondere manier van leven nastreven, is de worsteling vaak zo groot dat ze teleurgesteld en gefrustreerd afhaken, of er zelfs niet eens aan beginnen.

Het recept voor slank, fit en gezond worden is natuurlijk heel eenvoudig, iedereen weet het: gezond eten en regelmatig bewegen. Maar hoewel dit algemeen bekend is, valt het in de praktijk niet mee, met alle moeilijkheden waar je in het dagelijks leven mee te maken krijgt. In ieder geval lijkt het lastig te verwezenlijken als je nog niet weet hoe het werkt. Maar dat hoeft niet zo te zijn. In dit hoofdstuk kijken we naar simpele gezondheid en hoe je jezelf kunt motiveren om aan lichaamsbeweging te doen en gezonder te eten, zodat je fitter zult worden dan je ooit geweest bent.

Eerst kijken we naar een aantal moeilijkheden waar we allemaal tegenaan lopen als het om gezondheid gaat. Daarna bekijken we een simpel fitnessplan en hoe we gemotiveerd kunnen blijven om ons daaraan te houden.

De moeilijkheid van gezond leven

Laten we eerst eens kijken waarom het voor de meeste mensen zo moeilijk is om gezond te eten en waarom ze vaak na één of twee weken alweer terugvallen in oude gewoonten. Uit de antwoorden op deze vragen kunnen we een aantal simpele oplossingen afleiden.

Veelvoorkomende redenen zijn onder andere:

- Hun dieet is te streng en ze vinden het moeilijk om zich daar lange tijd aan te houden.
- Ze hongeren zichzelf uit en krijgen dan zo'n honger dat ze zich helemaal te buiten gaan.
- Ze denken dat ze gezond eten, maar eten of drinken 'verborgen' lege calorieën, zoals die in frisdranken en andere drankjes, calorierijke dressings, beleg enzovoort.
- Junkfood en fastfood zijn te verleidelijk voor ze, vooral als ze onderweg zijn, het druk hebben of om andere redenen haast hebben.
- Sociale evenementen, zoals kantoorborrels, familiefeestjes, avondjes uit met vrienden en dergelijke kunnen de gezonde eetgewoonten van mensen saboteren.

Deze vijf redenen zijn op zich al voldoende om de meeste mensen van een gezonde leefstijl af te houden, als ze zich tenminste niet goed voorbereiden en geen plan hebben om de dagelijkse verleidingen langer dan een maand of twee te weerstaan.

Je aan een bepaald trainingsschema houden kan net zo moeilijk zijn en een goed programma houdt hier rekening mee. Hieronder noem ik een aantal veelvoorkomende redenen waarom het mensen moeite kost om een fitnessschema vol te houden.

- Ze beginnen met een heel zwaar programma of voeren de moeilijkheid van hun trainingen te snel op, zodat ze snel opbranden of blessures oplopen.
- Ze zien na een week of twee nog geen resultaat en verliezen hun motivatie.
- Dagelijkse beslommeringen staan hun trainingen in de weg en ze hebben een paar dagen geen tijd gehad voor work-outs, en verliezen de routine.

Laten we deze moeilijkheden gebruiken om een simpel gezondheidsplan te ontwikkelen.

Een simpel gezondheidsplan

We willen een plan dat gemakkelijk in te voeren is, maar waar je je vooral jarenlang aan kunt houden. Het levert misschien geen instantresultaten op, maar daar ben je immers niet op uit. Een plan dat binnen korte tijd drastische resultaten oplevert is per definitie een slecht plan, omdat niemand drastische programma's erg lang kan volhouden. Een drastisch plan laat je al snel schieten en de drastische resultaten worden net zo snel weer teruggedraaid als ze gekomen zijn.

Het duurt maanden of jaren om een echt goede gezondheid en conditie te krijgen. Blijvende veranderingen ontstaan geleidelijk, met kleine stapjes, op zodanige wijze dat je ze je leven lang volhoudt. Daarom maken we een plan dat langzaam begint, maar dat veel langer vol te houden is dan meer drastische plannen.

Mensen gaan ervan uit dat afvallen voor 80 procent bestaat uit dieet houden, en dat is in zekere zin ook zo, want je kunt wel afvallen met een goed dieet zonder extra lichaamsbeweging, maar het is heel lastig om af te vallen als je traint, maar tegelijkertijd slecht eet. Maar we draaien het toch om, en wel om twee redenen: 1) we willen niet alleen afvallen, maar ook gezonder en fitter worden, en daarvoor heb je zowel lichaamsbeweging als een dieet nodig; en 2) als je begint met lichaamsbeweging komt dat dieet vanzelf wel. Het valt niet mee om te trainen zonder in ieder geval goed te willen eten, dus we beginnen met lichaamsbeweging. Onze simpele gezondheidsplan ziet er als volgt uit.

1. Gebruik de eerste maand om je er uitsluitend op te concentreren trainen tot een gewoonte te maken. Maak je op dit moment nog niet druk om je eetgewoonten, hoewel je zou kunnen beginnen met gezonder eten. Maar concentreer je er eerst op training tot een gewoonte te maken: we willen trainen net zo vanzelfsprekend maken als tandenpoetsen. We beginnen klein en

maken er eerst een regelmatig terugkerende routine van. Meer doen we deze eerste maand niet.

2. Terwijl we de regelmatig blijven bewegen, concentreren we ons erop geleidelijk gezonde veranderingen in onze eetgewoonten door te voeren.
3. Iedere daaropvolgende maand stellen we kortetermijndoelen vast voor geleidelijke verbeteringen in ons fitness- en eetprogramma. Verder belonen we onszelf iedere maand voor de vooruitgang die we boeken en blijven we verantwoording afleggen over ons gezondheidsplan.

Stap 1: lichaamsbeweging tot een gewoonte maken

Lichaamsbeweging tot een gewoonte maken hoeft geen zware opgave te zijn. Het is als het aanleren van iedere andere nieuwe gewoonte: je hoeft alleen maar consequent te zijn. De Spanjaarden hebben een spreekwoord dat zegt dat gewoonten beginnen als spinrag en uitgroeien tot kabels. We beginnen dus met het spinnen van dunne draden, waar we geleidelijk net zo veel aan toevoegen totdat we een kabel hebben.

Als je ernstige gezondheidsproblemen hebt, zoals hart- en longproblemen of andere ernstige ziekten, of als je zwanger bent, moet je uiteraard eerst je arts raadplegen voordat je aan een fitnessprogramma begint. Het plan ziet er als volgt uit:

1. **Start met een licht programma.** Begin je work-out zo gemakkelijk mogelijk, totdat je geleerd hebt om je eraan te houden. Je kunt je programma later geleidelijk aan moeilijker maken, maar in eerste instantie is het van essentieel belang dat je je inhoudt. Doe de eerste week niet meer dan vijf tot tien minuten cardiotraining – snelwandelen, hardlopen, fietsen of zwemmen. Slechts vijf tot tien minuten, meer niet. Je zult waarschijnlijk wel meer willen doen, maar dat is niet de bedoeling. De volgende week doe je er vijf minuten bij en dat blijf je die eerste maand iedere week doen, zodat je work-outs aan het eind van de eerste maand twintig tot vijfentwintig minuten duren. Wanneer je dit weinig vindt, maak je dan geen zorgen: als het eenmaal een gewoonte is geworden, kun je meer doen. Concentreer je eerst op het ontwikkelen van de gewoonte.

2. **Plan je work-outtijd.** Dit is cruciaal – zoek een tijdstip waarop je kunt trainen zonder dat er iets tussen komt. Voor de meeste mensen is de ochtend de beste tijd, omdat ze 's avonds vaak afspraken of andere verplichtingen hebben. Maar voor anderen is direct na het werk trainen het beste, en voor weer anderen werkt een lunchwork-out het beste. Kies het tijdstip dat voor jou het best werkt en maak ruimte in je planning voor je work-outs. De eerste week hoef je maar drie work-outs in te plannen – geef jezelf een half uur, want je hebt ook tijd nodig om je om te kleden en dergelijke. De tweede en derde week plan je vier work-outs en de vierde week plan je er vijf. Probeer vanaf dat moment vijf work-

outs per week aan te houden; dit is de beste frequentie om een goede conditie op te bouwen. Het is belangrijk dat je deze work-outafspraken benadert als je belangrijkste afspraak van de dag. Laat er absoluut niets tussen komen.

3. **Sta jezelf niet toe om ook maar een dag over te slaan.** Ziekte of blessures zijn zo ongeveer de enige goede redenen om een work-out over te slaan. Sta jezelf in geen enkel ander geval toe om een work-out over te slaan. Deze work-outs zijn in het begin zo licht dat het nooit te vermoeiend kan zijn. Als je moe bent van een lange werkdag, begin dan gewoon met de work-out – je zult blij zijn dat je het gedaan hebt. Wanneer je vaker work-outs overslaat, ga je er een gewoonte van maken niet te trainen, in plaats van andersom. Wanneer je een gewoonte probeert aan te leren, is het heel belangrijk om consequent te zijn. Denk erom: het is net als met je tanden poetsen – doe het voor je gezondheid, doe het regelmatig, doe het gewoon.

4. **Geef het niet op.** Nog belangrijker is het dat je je aan je programma houdt. Wanneer je om welke reden dan ook een dag of twee dagen overslaat, geef het dan niet op. Pak je programma weer op. Als je meer dan een paar dagen gemist hebt, ga dan een week of twee terug in het programma en begin opnieuw met het aanleren van de gewoonte. Als je ontmoedigd raakt en je bent gestopt, motiveer jezelf dan en begin opnieuw. Opgeven is niet zo erg, als je maar opnieuw begint en het deze keer wél volhoudt.

5. **Zoek als dat kan een partner.** Dit is niet verplicht, maar als je een betrouwbare partner kunt vinden, maakt dat het wel gemakkelijker. Ten eerste gaat de tijd veel sneller wanneer je tijdens de training iemand hebt om mee te praten. Ten tweede zul je je eerder aan je voornemen houden om te gaan trainen als je met iemand hebt afgesproken om samen te gaan.

6. **Leg verantwoording af aan anderen.** Zo motiveer je jezelf om je aan het programma te houden – niemand wil afgaan in de ogen van anderen. Spreek je intenties publiekelijk uit, tegenover je vrienden of tegenover de hele wereld via een blog, en maak je voornemen kenbaar. Deel het met zo veel mogelijk mensen. Doe alles voor het oog van de wereld; deze vorm van verantwoording afleggen zal je motiveren.

7. **Geniet ervan – dat is absoluut een eerste vereiste.** Wanneer je er geen plezier in hebt, houd je het nooit vol. Probeer er dus zo veel mogelijk plezier aan te beleven. Geniet ervan fit en gezond te worden! Geniet van vet verbranden. Geniet van zweten! Geniet van de ontspanning nadat je de stress eruit hebt gewerkt! Trainen moet leuk zijn, en zeker geen kwelling.

Tot zover je plan om de gewoonte te ontwikkelen regelmatig te trainen. Het is eigenlijk heel eenvoudig: maak tijd voor je work-outs, begin gemakkelijk, houd je eraan en geef niet op. Trainen wordt dan al snel een vast onderdeel van je leven en je zult nooit meer terug willen naar een louter zittend bestaan.

Stap 2: ontwikkel geleidelijk gezondere eetgewoonten

Wanneer je een maand lang bezig bent geweest om van lichaamsbeweging een gewoonte te maken, is het nu tijd om je op je eetgewoonten te concentreren. Als je al redelijk gezond eet, kun je dit aanpassen aan je behoeften en hoef je alleen maar te proberen je eetgewoonten geleidelijk nog verder te verbeteren. Als je niet al te gezond eet, kun je beter geen drastische veranderingen doorvoeren – kleine geleidelijke veranderingen in de loop van de tijd zijn beter en duurzamer.

Het plan ziet er als volgt uit.

1. **Eet als je net honger begint te krijgen.** Wacht niet tot je rammelt van de honger. Dat betekent dat je iedere drie à vier uur iets eet en dat je beter op je hongergevoel moet letten. Wanneer je honger krijgt, eet dan wat. Onderneem de volgende stappen: plan je maaltijden eens in de drie à vier uur, let beter op je hongergevoel, neem tussendoortjes of maaltijden mee voor onderweg. Dit is je plan voor de eerste week – maak je geen zorgen over verdere stappen totdat de eerste week voorbij is.

2. **Eet licht verteerbaar voedsel.** Geen zware kost, behalve als je zondigt (plan dit één keer per week). Eet heel veel groenten en fruit, granen, bonen en noten. Vers voedsel is veel beter dan bewerkt voedsel. Actiepunten: maak een lijst met gezonde maaltijden en tussendoortjes met puur, onbewerkt voedsel, dingen die je lekker

vindt, maar die ook gezond zijn. Stel hiermee een maaltijdplan samen: maaltijden en tussendoortjes voor meerdere dagen. Hier begin je de tweede week mee, maar verander niet in één klap je hele eetpatroon. Deze week probeer je alleen meer groente en fruit te eten, of te stoppen met het drinken van frisdranken en vruchtensappen en dergelijke. De week daarna voer je weer een andere verandering door, bijvoorbeeld door geen junkfood meer te eten als je dat vaak doet, of door gezonder te koken. Probeer geleidelijk een eetpatroon te ontwikkelen dat bestaat uit heel weinig junkfood of fastfood en voornamelijk uit combinaties van de volgende ingrediënten: fruit en groenten, bonen, noten, volle granen, magere zuivel of sojamelkproducten en magere eiwitten (mager vlees, kip, vis, tofu of andere plantaardige eiwitten). Ga op zoek naar dingen die je lekker vindt, anders wordt het erg lastig – dit is heel belangrijk.

3. **Eet langzaam.** Geniet van je eten, prop het niet naar binnen. Langzaam eten helpt je om niet te vol te raken en meer van je eten te genieten. Dit is de stap waar je je tijdens de derde week op concentreert, terwijl je ook verdergaat met de eerste twee stappen.

4. **Eet totdat je enigszins verzadigd bent, niet totdat je vol zit.** Stop voordat je niet meer kunt en wacht tien minuten om te kijken of je echt nog trek hebt. Dit is de cruciale stap waar je je tijdens de vierde week mee bezighoudt, terwijl je verdergaat met wat je tijdens de eerste drie weken hebt geleerd.

Geen diëten, geen verboden voedingsmiddelen, allemaal goede dingen. Dit plan draait om gezonder eten en je steeds lichter gaan voelen. Denk erom: doe het stap voor stap!

Stap 3: verdergaan, kortetermijndoelen en verantwoording afleggen

Nu je bent begonnen lichaamsbeweging en gezond eten tot gewoonten te maken, wil je natuurlijk verder met het programma en op beide terreinen verbeteringen boeken. Dit is voor veel mensen een gevaarlijke fase; ze verliezen hun motivatie omdat ze geen grote resultaten zien. Om te zorgen dat je motivatie op peil blijft en dat je je aan het programma houdt, zodat je straks de langetermijnresultaten ervaart, kun je het volgende doen.

1. **Blijf je trainingen geleidelijk uitbreiden en maak ze gevarieerder.** Voer het programma op, maar doe het rustig aan. Als je eenmaal aan de work-outs gewend bent, kun je ze verlengen tot dertig à veertig minuten en wat intensere trainen voor je conditie en vetverbranding. Je kunt bijvoorbeeld proberen in plaats van rustig in één tempo te lopen, kortere sprintintervallen te doen, onderbroken door rustperioden. Iets dergelijks kun je met alle oefeningen doen. Een hogere intensiteit stimuleert de calorieverbranding en verbetert de prestaties. Maar je houdt het minder lang vol en je moet het niet tijdens iedere work-out doen. Wissel het af met duurtrainingen. Ga ook na of je je kunt aanmel-

den voor een korte georganiseerde loop van bijvoorbeeld vijf kilometer – dat geeft motivatie en plezier.

2. **Blijf gezond eten en voeg meer variatie en smaak toe.** Voer iedere week een nieuwe gezonde verandering in je eetgewoonten door. Probeer een nieuw gezond recept uit. Neem gezonde lunches en tussendoortjes mee naar je werk. Ontbijt gezonder. Ga minder uit eten en kook vaker zelf. Als je op reis gaat, neem dan gezonde tussendoortjes mee voor onderweg. Drink meer water. Schrap een bepaalde ongezonde eetgewoonte. Verander een voor een je eetgewoonten totdat je alleen nog maar gezond eet. Als je het geleidelijk doet, is het veel gemakkelijker en is de kans veel groter dat je het volhoudt. Blijf nieuwe recepten en nieuwe groenten, fruit en tussendoortjes proberen voor meer variatie, en als je dingen tegenkomt die je lekker vindt, maak je ze onderdeel van je vaste gewoonten. Blijf altijd nieuwe gezonde producten en recepten uitproberen!

3. **Stel kortetermijndoelen.** Echte, blijvende veranderingen vinden alleen op de lange termijn plaats – na verloop van maanden of jaren. Maar het is moeilijk om gemotiveerd te blijven voor iets wat zo lang duurt. Stel jezelf daarom steeds een kortetermijndoel voor de duur van twee maanden. Als dat helpt, kun je jezelf ook weekdoelen stellen. Kortetermijndoelen zijn bijvoorbeeld: maak deze week je work-outs vijf minuten langer. Val een pond per week af. Werk deze week drie centimeter tailleomvang weg. Doe mee aan een loop van

vijf kilometer. Breng je totale work-outtijd deze week op tweeënhalf uur. Ga zaterdag acht kilometer lopen. Zoals je ziet, zijn de mogelijkheden van kortetermijndoelen bijna eindeloos. Stel jezelf iedere week een of twee van deze doelen om gemotiveerd te blijven. Vertel anderen over je doelen.

4. **Leg verantwoording af. Houd dagelijks je eet- en fitnessgewoonten bij in een logboek.** Dit is cruciaal. Als je verslag doet van je work-outs, zul je op een gegeven moment zien dat je vooruitgang boekt, en dat motiveert om door te gaan. Je moet er wel een gewoonte van maken om je logboek direct bij te houden. Stel het niet uit, bijvoorbeeld tot wanneer je naar bed gaat. Zodra je klaar bent met je work-out, schrijf je op wat je gedaan hebt – maak geen uitzonderingen. En maak het logboek niet te ingewikkeld; dat verhoogt alleen maar je weerstand tegen het schrijven. Schrijf alleen de datum en het tijdstip op en wat je hebt gedaan. Nog iets belangrijks: zet je logboek online, op een blog of via een van de vele beschikbare online logs, zodat anderen kunnen zien wat je gedaan hebt. Geef het adres van je logboek aan zo veel mogelijk mensen en moedig hen aan om het regelmatig te lezen en commentaar te geven. Verantwoording afleggen motiveert je om door te gaan.

5. **Beloon jezelf.** Beloningen werken het best als ze in het begin frequent worden gegeven. Verwen jezelf! Zelfs snoep is een goede beloning – maak een gewoonte van

lichaamsbeweging en je zult vanzelf afvallen. Sta stil bij ieder klein succesje.

Dertig dingen die motiveren om aan lichaamsbeweging te doen

Er zijn duizenden manieren om jezelf te motiveren om aan lichaamsbeweging te doen, maar dit zijn er een paar die goed werken.

1. **Een goed gevoel na het trainen.** Een goede work-out geeft een heerlijk gevoel. Houd dat gevoel vast en laat je daardoor motiveren voor je volgende work-out.

2. **Tijd voor jezelf.** Hoewel mensen vaak tijd vrijmaken voor anderen (kinderen, partners, familieleden, collega's, baas), doen ze dat niet vaak voor zichzelf. Zorg dat tijd voor jezelf een prioriteit wordt en houd je aan die fitnessafspraak.

3. **Het aantal verbrande calorieën.** Als je calorieën telt (en dat is toch echt een van de effectiefste manieren om af te vallen), weet je dat je meer calorieën verbrandt naarmate je meer traint.

4. **Plezier.** Trainen moet leuk zijn. Als dat niet het geval is, ga dan op zoek naar een andere activiteit waar je wel plezier aan beleeft. Als je maar beweegt.

5. **Hoe je eruit zult zien.** Probeer je jezelf voor te stellen als iemand die slanker en gezonder is. Laat je motiveren door dat beeld.

6. **Tijdschriften.** Fitnesstijdschriften lezen motiveert enorm. Als je ergens over leest, wil je het zelf ook doen.

7. **Fotomodellen.** Natuurlijk zien ze er onnatuurlijk uit, bovendien is de kans groot dat ze gefotoshopt zijn om er perfect uit te zien, maar om de een of andere reden kan de aanblik van een mooi fotomodel mensen motiveren om harder te werken.

8. **Blogs.** Het is leuk om blogs te lezen van mensen die bezig zijn met lichaamsbeweging of afvallen. Het geeft vaak een beeld van de ups en downs die ze doormaken, en je kunt van hun ervaringen leren.

9. **Succesverhalen.** De succesverhalen van anderen zijn ongelofelijk inspirerend. Als een fitnesswebsite succesverhalen bevat, zorg dan dat je die leest.

10. **Forums.** Ga de maandelijkse uitdaging aan op de forums van *Zen Habits* (http://zenhabits.net/forums/) of sluit je aan bij een ander forum voor gelijkgestemden. Log iedere dag even in; dat helpt echt.

11. **Nieuwe kleren passen.** Wil je er goed uitzien in een kleinere maat? Doe je work-out!

12. **Aantrekkelijkheid.** Zoals we allemaal wel weten is dit een goede motivator.

13. **Adrenalinekick.** Van trainen krijg je een adrenalinekick. Profiteer van die adrenaline om je work-out te volbrengen.

14. **Ontspanning.** Gestrest na een lange dag op kantoor? Ga naar buiten en werk die stress eruit. Het maakt een wereld van verschil.

15. **Tijd voor bezinning.** De tijd die je aan je trainingen besteedt is ideaal om over je leven na te denken.

16. **Een trainingsmaatje.** Er is maar weinig dat zo motiveert.

17. **Aansluiting bij een trainingsgroepje.** Meld je aan, eventueel met een vriend(in), dan ben je gemotiveerd om ook echt te gaan.

18. **Een personal coach of een trainer.** Alleen al vanwege de motivatie is zo iemand zijn geld waard.

19. **Bijhouden van een trainingslogboek/-grafiek.** Om de een of andere reden is dingen opschrijven ontzettend belangrijk. Doe het een week lang en je zult zien hoe goed zo'n logboek werkt.

20. **Een foto van jezelf voordat je begon.** Je beseft vaak niet hoe ver je al gekomen bent. Maak foto's.

21. **Een vijfkilometerloop of triatlon.** Schrijf je in en je zult gemotiveerd zijn om te trainen.

22. **Het rotgevoel dat je krijgt als je niet gaat trainen.** Ik voel me vreselijk als ik niet train, dus herinner ik mezelf daaraan als ik moe ben.

23. **Oud genoeg worden om je kleinkinderen te zien opgroeien...** en met ze te kunnen spelen.

24. **De weegschaal.** Het motiveert niet om jezelf iedere dag te wegen, want je gewicht fluctueert. Maar als je jezelf één keer per week weegt, ben je gemotiveerd om het aantal kilo's steeds verder te zien dalen. Combineer de weegschaal met het meetlint en meet je tailleomvang.

25. **Een doel bereiken.** Stel jezelf een bepaald gewicht of een bepaalde tailleomvang tot doel, of het aantal dagen waarop je traint of het aantal kilometers dat je deze week wilt lopen. Een doel stellen en je vooruitgang controleren helpt je gemotiveerd te blijven om dat doel te halen. Zorg dat het haalbaar is.

26. **Erover schrijven op je blog.** Vertel mensen dat je gaat afvallen of dat je dagelijks gaat trainen en breng verslag uit. Dan zal het zeker lukken.

27. **Motiverende uitspraken.** Druk je favoriete motiverende uitspraken af of zet ze op het bureaublad van je computer.

28. **Boeken.** Koop boeken over fitness of over gezond koken om jezelf te belonen. Zo herinner je jezelf aan je doel.

29. **Opmerkingen van anderen dat je er zo goed uitziet.** Als iemand de veranderingen in je lichaam opmerkt, geeft dat een goed gevoel. Hierdoor zul je nog meer willen trainen.

30. **Een dagje naar het strand in de nabije toekomst of een reünie.** Dan wil je er goed uitzien, toch?

18

OVER MOTIVATIE

Een van de grootste uitdagingen bij het bereiken van ieder doel, of het nu verband houdt met productiviteit, vroeg opstaan, een gewoonte veranderen, gaan sporten of gewoon gelukkiger worden, is genoeg motivatie vinden om het vol te houden. Dit hoofdstuk is bedoeld om je te helpen je doelen te realiseren en je de gewoonten die in de rest van dit boek worden beschreven eigen te maken – zie het maar als de hoeksteen voor alle andere principes die hier worden besproken.

Als je het nastreven van een bepaald doel maar lang genoeg volhoudt, zul je het bereiken. Het enige wat je daarvoor nodig hebt is geduld en motivatie.

Vooral motivatie is cruciaal, maar het is niet gemakkelijk om die steeds weer, dag in dag uit, te vinden. Daarom geef ik je een motivatiehandleiding die je kunt gebruiken bij alles wat je met behulp van dit boek wilt bereiken. Op je reis naar succes zullen er altijd momenten zijn waarop je motivatie wankelt en je het wilt opgeven. Geef daar niet aan toe. Om dingen te realiseren die de moeite waard zijn, zul je volhardend moeten zijn.

Hoe werkt motivatie?

Voordat we het over specifieke methoden gaan hebben, moeten we eerst onderzoeken wat motivatie precies is, wat het doet en hoe het werkt. Motivatie is datgene wat je naar je doel trekt, wat je gaande houdt als het lastig wordt, de reden waarom je vroeg opstaat om te trainen of laat doorwerkt om een project af te ronden. Er zijn natuurlijk allerlei vormen van motivatie, positieve en negatieve. Een baas die dreigt je te ontslaan motiveert – onder dit soort druk zul je waarschijnlijk harder werken om een project af te ronden. Maar persoonlijk vind ik dat positieve motivatie beter werkt.

Motivatie in zijn beste vorm is een manier om iets echt te willen. Zo zul je niet altijd zin hebben om vroeg op te staan; op die momenten wil je je gewoon omdraaien en verder slapen (op zich is daar niets mis mee), maar als je een goede reden hebt om vroeg op te staan, als er iets is wat je heel graag wilt doen, dan spring je enthousiast je bed uit.

Wanneer je echt gemotiveerd bent, betekent dat dus dat je iets heel graag wilt, dat je er echt enthousiast en gepassioneerd over bent. Er mogen dan allerlei vormen van motivatie zijn (waaronder negatieve), maar naar mijn mening is dit de vorm die het best werkt. Je kunt jezelf maar beperkte tijd motiveren om iets te doen wat je niet leuk vindt, iets waar je geen zin in hebt. Maar als je manieren vindt om iets echt graag te willen, dan kun je je inspanningen lang genoeg volhouden om je doel te bereiken.

Acht manieren om jezelf van het begin af aan te motiveren

Het is belangrijk om met de juiste motivatie van start te gaan. Een goed begin kan een impuls geven die je lange tijd gaande houdt en die je veel meer kans van slagen geeft. Hier volgt een aantal tips om een goede start te maken.

1. **Begin klein.** Ik heb dit al eerder gezegd, maar het is een van de belangrijkste tips om jezelf voor een bepaald doel te motiveren. Begin niet te groot! Begin met een heel simpel, gemakkelijk doel en groei van daaruit verder.

2. **Eén doel.** Te veel mensen beginnen met te veel doelen tegelijk; ze proberen te veel te doen. Dat kost veel energie en motivatie. Dit is waarschijnlijk de meest voorkomende fout die mensen maken. Je moet één enkel doel kiezen om mee te beginnen, en je daar volledig op richten.

3. **Onderzoek je motivatie.** Weet wat je drijfveren zijn. Denk er eens over na… en schrijf ze op. Het werkt beter om het voor je naasten te doen dan wanneer je het louter voor jezelf doet. Het voor jezelf doen is ook goed, maar dan moet je het doen voor iets wat je echt heel graag wilt, en om heel goede redenen.

4. **Zorg dat je het echt heel graag wilt.** Dit komt gedeeltelijk op hetzelfde neer als tip 3, maar ik wil het nogmaals benadrukken: het is niet genoeg om te denken

dat het wel leuk zou zijn om iets bepaalds te bereiken. Het moet iets zijn waar je gepassioneerd over bent, iets waar je superenthousiast van wordt, iets wat je uit de grond van je hart wilt. Zorg dat je doel aan deze criteria voldoet, anders houd je het niet lang vol.

5. **Maak je voornemen bekend.** Niemand wil graag afgaan in de ogen van anderen. We doen net een stapje meer om iets te doen wat we in het openbaar hebben toegezegd.

6. **Wees enthousiast.** Het begint met inspiratie van anderen (zie hierboven), maar je moet dat enthousiasme zien vast te houden en uit te bouwen. Ik heb zelf bijvoorbeeld ervaren dat ik enthousiast word over een doel door er met mijn vrouw en met andere mensen over te praten en door er zo veel mogelijk over te lezen en door te visualiseren hoe het zou zijn als het me zou lukken. Als ik dat gedaan heb, is het alleen nog maar een kwestie van mijn energie op peil houden en doorgaan.

7. **Vergroot je ongeduld.** Dit klinkt lastig en veel mensen zullen deze tip overslaan, maar het werkt echt. Het heeft mij geholpen om na veel mislukte pogingen toch met roken te stoppen. Wanneer je je geïnspireerd voelt en je doel echt wilt bereiken, begin dan niet meteen. Veel mensen raken enthousiast en willen dezelfde dag nog beginnen. Dat is niet verstandig. Stel een datum in de toekomst vast, over één of twee weken – of mis-

schien pas over een maand – en maak daar je aanvangsdatum van. Zet het in je agenda. Denk met enthousiasme aan die datum. Maak er de belangrijkste datum van je leven van. Doordat je je aanvangsdatum uitstelt, schep je verwachtingen en versterk je je focus en energie voor je doel.

8. **Print het in grote letters uit en hang het op.** Omschrijf je doel in een paar woorden, als een mantra ('Een kwartier trainen per dag'), en hang het thuis en op je werk aan de muur of op je koelkast. Zet het op het bureaublad van je computer. Het is goed om duidelijk aan je doel herinnerd te worden, om je focus en je enthousiasme vast te houden. Een plaatje van je doel (zoals een fotomodel met een sexy lichaam) kan ook helpen.

Twintig manieren om je motivatie vast te houden als je twijfelt

Voor het overige bestaat motivatie uit jezelf gaande houden als je enthousiasme niet meer zo groot is als in het begin. Misschien is er iets nieuws in je leven gekomen en is het geen echte prioriteit meer. Misschien heb je een dag of twee overgeslagen en kom je niet meer in het ritme. Misschien heb je het verknald en ben je ontmoedigd geraakt.

Wanneer je jezelf weer kunt opladen, komt het wel goed. Maar als je het opgeeft, wordt het niets. De keus is aan jou: bereik je doel of stop ermee. Zo kun je voorkomen dat je afhaakt en kun je alsnog je doel verwezenlijken.

1. **Houd je in.** Wanneer je met een nieuw trainingsschema of een ander doel van start gaat, sta je meestal te trappelen van ongeduld. Je enthousiasme kent geen grenzen, evenmin als je neiging tot zelfoverschatting. Je denkt dat je alles kunt. Maar al snel kom je erachter dat ook jij je beperkingen hebt en je enthousiasme begint af te nemen. Een belangrijke motiverende factor als je aan het begin van je programma nog heel veel energie hebt en er helemaal voor wilt gaan is... je inhouden! Doe niet alles wat je wilt doen. Sta jezelf toe om 50 tot 75 procent te doen van wat je zou willen doen. Maak een actieplan waarin je steeds grotere stappen neemt. Als je bijvoorbeeld wilt gaan hardlopen, kan het zijn dat je meteen vijf kilometer wilt lopen. Maar in plaats van daaraan toe te geven, begin je met één of twee kilometer. Wanneer je dat gedaan hebt, wil je al snel meer, maar dat sta je jezelf niet toe. Na deze training kijk je uit naar de volgende, want dan mag je van jezelf drie kilometer lopen. Zo houd je die energie bij je; je spaart hem op, zodat je er nog meer mee kunt doen.

2. **Begin gewoon.** Er zijn dagen waarop je geen zin hebt om te gaan trainen of je budget uit te zoeken, of wat het ook is dat je verondersteld wordt voor het realiseren van je doel te doen. In plaats van te piekeren over hoe moeilijk het is en hoe lang het zal duren, zeg je tegen jezelf dat je gewoon moet beginnen. Ik hanteer de regel dat ik gewoon mijn sportschoenen aandoe en de deur achter me dichttrek. Daarna gaat alles helemaal van-

zelf. Zolang je binnenzit en je overgeeft aan je vermoeidheid lijkt het moeilijk, maar als je eenmaal begint, is het nooit zo zwaar als je gedacht had. Dit werkt voor mij altijd.

3. **Leg verantwoording af.** Wanneer je je voornemen in het openbaar hebt uitgesproken, via een online forum, een blog of persoonlijk… blijf dan verantwoording afleggen. Verplicht jezelf ertoe dagelijks aan deze mensen verslag uit te brengen en houd je daaraan! Verantwoording afleggen helpt om wat je wilt doen goed te doen; anders moet je in het openbaar toegeven dat het mislukt is.

4. **Vervang negatieve gedachten door positieve gedachten.** Dit is een van de belangrijkste vaardigheden om gemotiveerd te blijven en ik raad je aan om er iedere dag mee te oefenen. Het is belangrijk je bewust te zijn van je gedachten en je negatieve innerlijke monoloog te herkennen. Trek een paar dagen uit om je bewust te worden van iedere negatieve gedachte die je hebt. Probeer die gedachten vervolgens te verdrijven en te vervangen door positieve gedachten. Vervang: 'Dit is te moeilijk!' door: 'Ik weet dat het me zal lukken! Als die sukkel van een Leo het kan, dan kan ik het ook!' Het klinkt afgezaagd, maar het werkt echt.

5. **Denk aan de voordelen.** Telkens maar weer bedenken hoe moeilijk het allemaal is, is voor de meeste mensen een groot probleem. Vroeg opstaan klinkt zo moeilijk!

Je wordt al moe van het idee. Maar in plaats van jezelf voor te houden hoe moeilijk het is, kun je ook denken aan wat het je oplevert. Pieker niet over vroeg opstaan, maar bedenk hoe goed je je zult voelen als je het gedaan hebt; je zult veel productiever zijn. Aan de voordelen denken geeft meer energie.

6. **Word weer enthousiast!** Vraag je af waarom je je enthousiasme bent kwijtgeraakt... en waarom je ooit wél enthousiast was. Kun je dat weer terughalen? Waarom wilde je dat doel verwezenlijken? Waarom was je er gepassioneerd over? Probeer dat weer op te roepen, hernieuw je focus en laad jezelf op.

7. **Lees erover.** Als ik mijn motivatie verlies, lees ik gewoon een boek of een blog over mijn doel. Dat inspireert me en geeft me nieuwe energie. Om de een of andere reden is lezen motiverend en helpt het om je te focussen op datgene waarover je leest. Lees daarom, als het kan, iedere dag over je doel, vooral als je niet gemotiveerd bent.

8. **Zoek gelijkgestemde vrienden.** Het is moeilijk om in je eentje gemotiveerd te blijven, maar als je iemand vindt die vergelijkbare doelen heeft (hardlopen, afvallen, financiën op orde krijgen en dergelijke), kun je proberen om het samen te doen. Of sluit een verbond met je partner, broer, zus of beste vriend(in) over het doel dat je wilt verwezenlijken. Je hoeft niet allebei hetzelfde doel na te streven – zolang je elkaar maar stimu-

leert en aanmoedigt. Andere goede mogelijkheden zijn groepen in je omgeving (ik ben bijvoorbeeld lid van een hardloopclubje) of online forums waar je mensen kunt vinden met wie je over je doelen kunt praten.

9. **Lees inspirerende verhalen.** Ik put inspiratie uit verhalen van anderen die hebben bereikt wat ik wil bereiken of die daarmee bezig zijn. Ik lees blogs, boeken en tijdschriften. Ik googel mijn doel en lees succesverhalen. *Zen Habits* is ook zo'n plek om inspiratie op te doen, niet alleen voor mij, maar ook voor al die lezers die fantastische dingen hebben bereikt. Ik ben ook gek op het lezen van succesverhalen.

10. **Bouw verder op je successen.** Iedere stap op de weg is een succesje – sta gewoon even stil bij het feit dat je ermee begonnen bent! En dat je het vervolgens twee dagen hebt volgehouden! Sta even stil bij iedere mijlpaal. Houd dat succesgevoel vast en bouw erop voort met een volgende kleine stap. Voeg bijvoorbeeld twee à drie minuten aan je trainingsschema toe. Bij iedere stap (en die stappen moeten ten minste een week duren) zul je je succesvoller voelen. Wanneer je heel kleine stapjes neemt, kan het niet mislukken. Na een paar maanden vormen al die kleine stapjes samen heel veel vooruitgang en succes.

11. **Zorg dat je door de dieptepunten heen komt.** Motivatie is geen constante factor die altijd werkt. Het gaat met ups en downs. Besef daarom dat iedere down tijde-

lijk is. Er komt altijd weer een up. Zit het gewoon uit en wacht totdat je motivatie terugkomt. Lees in de tussentijd over je doel, vraag om hulp en doe de andere dingen die hier worden genoemd totdat je motivatie terugkeert.

12. **Vraag om hulp.** Het is moeilijk om in je eentje dingen voor elkaar te krijgen. Toen ik besloot om een marathon te gaan lopen, kreeg ik hulp van vrienden en familie, en ik had een geweldige hardloopgroep op Guam, die me aanmoedigde om vijfkilometerlopen te doen; daarnaast liepen we samen lange trajecten. Toen ik besloot te stoppen met roken, sloot ik me aan bij een online forum, en ook dat heeft me enorm geholpen. En natuurlijk heeft mijn vrouw Eva me bij iedere stap bijgestaan. Ik had deze doelen nooit kunnen verwezenlijken zonder haar en de andere mensen die me steunden. Zoek een netwerk dat je kan steunen, hetzij in de echte wereld, hetzij online, of allebei.

13. **Breng je voortgang in kaart.** Dit hoeft niet meer te zijn dan een X in je agenda, een eenvoudige spreadsheet of een log over je doel met gebruikmaking van online software. Het kan enorm lonend zijn om terug te kijken op de vooruitgang die je hebt geboekt, te kijken hoe ver je bent gekomen. Het kan je net dat duwtje geven dat je nodig hebt – je wilt toch niet te veel X-loze dagen hebben? Natuurlijk zul je ook een paar slechte aantekeningen hebben, maar dat geeft niet. Laat je niet ontmoedigen door een paar slechte resul-

taten. Probeer het de volgende keer gewoon weer goed te maken.

14. **Beloon jezelf regelmatig.** Sta na iedere stap stil bij het succes dat je hebt geboekt en beloon jezelf. Het helpt als je voor iedere stap een passende beloning opschrijft, zodat je vast naar die beloningen kunt uitkijken. Met passend bedoel ik: 1) het is in overeenstemming met de omvang van het doel (een loop van anderhalve kilometer beloon je niet met een cruise naar de Bahama's), en 2) het doet je doel niet teniet – als je probeert af te vallen, beloon je jezelf niet met een enorm stuk taart. Daar heb je alleen jezelf maar mee.

15. **Stel jezelf kleine doelen.** Grote doelen of doelen op de lange termijn kunnen overweldigend zijn. Na een paar weken verlies je misschien je motivatie, terwijl je nog maanden of jaren voor de boeg hebt om je doel te verwezenlijken. Het is moeilijk om je motivatie voor één enkel doel zo lang vast te houden. De oplossing is dat je je doel opsplitst in kleinere doelen.

16. **Neem een coach of doe een cursus.** Dit motiveert je om in ieder geval op het afgesproken tijdstip ergens naartoe te gaan en in actie te komen. Dit kan bij ieder doel worden gebruikt. Het is misschien een wat duurdere manier om jezelf te motiveren, maar het werkt wel. En als je je goed oriënteert vind je misschien wel een goedkope cursus bij jou in de buurt, of heb je een vriend die je gratis coaching of adviezen wil geven.

17. **Sla nooit twee dagen achter elkaar over.** Deze regel houdt verband met onze aangeboren neiging om af en toe een dag over te slaan. We zijn niet volmaakt. Dus je hebt een dag overgeslagen… Nu is er een nieuwe dag aangebroken en je bent een beetje lui… Maar dan zeg je tegen jezelf: 'Nee, ik wil niet twee dagen achter elkaar overslaan!'

18. **Maak gebruik van visualisaties.** Visualiseer je succesvolle resultaat tot in de kleinste details. Doe je ogen dicht en stel je voor hoe je succesvolle resultaat er precies uit zal zien, zal voelen, zal ruiken, zal smaken en klinken. Waar ben je op het moment dat je je doel bereikt? Hoe zie je eruit? Wat heb je aan? Vorm een zo duidelijk mogelijk plaatje. Het is cruciaal dat je dit iedere dag ten minste een paar minuten doet. Dit is de enige manier om je motivatie gedurende een langere periode vast te houden.

19. **Word je bewust van je neiging om op te geven en overwin die.** We hebben allemaal de neiging om dingen op te geven, maar vaak weten we dat niet van onszelf. Je bewust worden van die neiging is het beste wat je hiertegen kunt doen. Zet iedere keer dat je de neiging voelt op te geven een kruisje op een vel papier dat je steeds bij de hand houdt. Dat is een goede manier om je bewust te worden van je neiging om op te geven. Schrijf vervolgens een plan voor de momenten waarop deze neiging toeslaat, zodat je dat paraat hebt als het zover is.

20. Zorg dat je er weer plezier in krijgt. Niemand kan iets wat hij niet leuk vindt en waarvoor hij pas maanden later wordt beloond lang volhouden. Je moet het iedere dag leuk vinden, anders ben je niet gemotiveerd. Ga op zoek naar die elementen waar je plezier in hebt – de schoonheid van de vroege ochtend als je gaat hardlopen, bijvoorbeeld, of de voldoening die je voelt als je kunt melden dat je weer een stapje hebt volbracht, of de heerlijke smaak van een gezonde maaltijd.

DANKWOORD

Ik wil graag mijn waardering uitspreken voor de onschatbare hulp die veel mensen me hebben geboden bij de totstandkoming van dit boek. Dat geldt bijvoorbeeld voor Holly en Brendan, die veel geduld hebben gehad met mij als debuterend auteur. Verder hebben de lezers van *Zen Habits* me voortdurend geïnspireerd en aangemoedigd. Ik wil mijn moeder Shannon bedanken omdat zij de solide basis van mijn bestaan vormt, en mijn vader Joe, wiens gevoel voor humor een stempel drukt op alles wat ik doe. Mijn zus Katrina, die zowel mijn hardloopmaatje als mijn vertrouwelinge is, mijn andere zussen Ana en Tiara, mijn broers Joseph, Brandon en Austin. Mijn fantastische kinderen, die samen de drijfveer vormen voor alles wat ik doe: Chloe, Justin, Rain, Maia, Seth en Noelle. En natuurlijk mijn allergrootste supporter, mijn vrouw Eva.